基金资助：
武汉工程大学科学研究基金项目（项目编号：K201433）
湖北省技术创新专项软科学项目（项目编号：2016ADC082）

中国地方公债发展研究

■ 付传明 著

WUHAN UNIVERSITY PRESS
武汉大学出版社

图书在版编目(CIP)数据

中国地方公债发展研究/付传明著. —武汉：武汉大学出版社,2016.12
ISBN 978-7-307-19050-4

Ⅰ.中…　Ⅱ.付…　Ⅲ.地方财政—公债—研究—中国　Ⅳ.F812.7

中国版本图书馆 CIP 数据核字(2016)第 315473 号

责任编辑:聂勇军　梁　茜　　　责任校对:李孟潇　　　版式设计:韩闻锦

出版发行：**武汉大学出版社**　(430072　武昌　珞珈山)
(电子邮件：cbs22@whu.edu.cn　网址：www.wdp.com.cn)
印刷:武汉中科兴业印务有限公司
开本:720×1000　1/16　印张:10.25　字数:114 千字　插页:1
版次:2016 年 12 月第 1 版　　2016 年 12 月第 1 次印刷
ISBN 978-7-307-19050-4　　定价:30.00 元

前　言

在现代社会，政府财政收支影响着社会经济发展的方方面面。从理论层面讲，与中央政府相比，地方政府在提供地方公共品方面具有信息上的优势，而地方公共品的支出一般属于资本性支出，同政府税收相比，用举债方式筹集地方公共建设资金更为合理，它将公共项目建设成本分摊到项目受益的若干时期内，实现了成本与收益相匹配，因此，应允许地方政府发行地方公债来为地方公共基础建设项目筹集资金。而且地方政府是政府体系的重要组成部分，地方政府在履行其职能时需要有相应的财力作保证，而举债权则是地方政府财权的应有内容。

与国家层面上李嘉图等价定理成立条件不同，地方层面上李嘉图等价成立的假设条件不是利他主义动机导致债务负担的代际转移，而是政府税债的选择将反映到地方地产价格的变化上，这需要严格的假设前提如充分信息，地方实行单一的地产税等。如果现实不满足这些假设前提，则李嘉图等价成立条件将被破坏，发行地方公债将增进地方居民的福利水平，刺激地方经济增长和收入水平增加。

从现实情况看，中国在1994年实行分税制改革以来，地方财政收入和支出之间的不平衡不断加剧，地方政府在相应事权的压力下，需要相应的财力来保证其履行职能。从融资效率的角度，运用主成分分析和熵值法可以对土地融资、融资平台融资、地方公债融资等四种现阶段地方政府常用的融资方式进行综合比较分析，从中可以看出，与其他融资方式相比，地方公债融资方式具有更高的融资效率，地方公债融资方式应成为地方政府融资的主要渠道。

中国现阶段发展地方公债市场有一定的市场基础，这可从地方公债市场的需求-供给框架中展开分析。目前中国债券市场初步形成，广大居民和机构投资者有巨大的投资需求，发展地方公债对中央、地方财政，对资本市场都有利，地方公债的供给条件和时机逐渐成熟。与此同时，中国应在地方公债二级市场发展，在强化发债主体预算约束等方面进一步改进市场条件。

发行地方公债为地方公共基础设施项目融资是世界发展潮流和趋势。美、日等发达国家在这方面积累的经验教训可为中国发展地方公债市场提供借鉴。中国目前采用中央代发的方式发行地方公债，这有利于增强地方公债的信用，提高债券发行效率，减轻各地区之间发展不平衡状况，但中央代发的地方公债不利于发挥地方的积极性，影响地方公债的利率水平和规模、期限等，具有过渡性特征。中国应从建立完备的地方公债制度，大力发展地方公债二级市场并不断推进地方公债融资的配套改革等方面采取具体的政策措施来促进地方公债市场发展。

目　录

第一章　导　　论

第一节　研究背景、主题及意义

在现代社会，财政政策在一国经济社会发展中起着非常重要的作用，政府财政收支直接影响着社会经济发展的各方面和整体运行情况。改革开放以前，中国财政实行的是统一领导、分级管理的体制，改革开放以后，随着社会经济的发展，旧的财政体制不能适应时代的要求，中央政府不断调整中央地方财政关系。1994 年中国进行了分税制改革，把税收分为国税和地税两大块，按税收划分中央、地方收入，在划分事权的基础上，划分中央与地方政府的财政支出范围，这一改革规范了中央地方财政分配关系，提高了国家财政收入，强化了中央财政的调控能力，但地方财政预算收入明显下降。进入新世纪以来，中国政府明确了经济调节、市场监管、社会管理和公共服务的基本职能定位，地方政府承担着提供地方基础设施和公共服务的职能，在经济转轨时期，地方政府还必须维持一定的财政支出规模来保证地方经济增长以及结构调整等经济发展目标。此外，地方政府还肩负着防范、应对经济危机、自然灾害等突发事件，以及维护社会稳定、建设和谐社会的重任，地方财政支出有不断扩大的趋势和刚性。但分税制改革以后，地方财政收入占全部财政收入的比重下降了很多，地方财政收入不平衡现象突出，地方财政的收支缺口不断增大。① 1998 年东南亚金融危机之后，中央财政都从国债资金中转贷拨付一部分给地方用于支持地方的基础设施和公共项目的建设，但随着中央财政连续多年的赤字扩张以后，中央政府作为负债主体已经不堪重负②，国债资金转贷地方也因资金权责主体不对称而普遍存在着资金使用效率低下、资金偿还困难的问题。在相应事权的压力下，地方政府不断尝试通过各种渠道获取预算外收入和非预算收入③，通过非规范的融资途径来获取建设资金。各种预算外收入和非预算收入不断膨胀，难以受到有效的监管和控制，资金获取和使用过程中产生了一系列的经济弊端，造成了地方各种隐性债务规模过大，地方财政风险不断扩大，地方财政状况不断恶化的局面。党的十八届三中全会明确提出要坚决守住不发生系统性区域性金融风险的底线。在新常态下，中国经济将实现中高速增长，地方公债将成为地方政府主要的融资渠道。

① 根据《中国统计年鉴 2010》中的数据，1994 年分税制改革以后，地方财政收入占全国财政收入的比重由 1993 年的 78%下降到 44.3%，下降了 33.7 个百分点；1995—2008 年间，地方财政收入占全国财政收入的比重平均为 46.9%，地方财政支出则占全国财政支出的 73.6%的比重。

② 以债务依存度指标为例，1999 年中央财政债务依存度高达 66.81%，远高于国际上公认的 25%～30%的安全线。

③ 以 2002 年为例，根据统计年鉴的数据，2002 年地方预算外收入 4039.00 亿元，占当年地方全部预算内收入的 47.4%。

在此背景下，地方公债制度作为一种规范的地方财政融资渠道备受关注，中国地方公债发展问题成为理论界讨论的热点问题。对地方公债发展问题进行系统研究，厘清地方公债的功能和作用，论证地方公债在地方债务治理和地方经济发展中的角色和地位，可为地方公债健康发展提供理论支撑和决策参考。发展地方公债是提高地方政府提供地方公共产品能力和效率的要求，是完善和发展中国财税体制和分税制的需要，是财政分权中地方财政的应有内容。通过地方公债来筹集地方公共产品和基础设施的建设资金符合公平和效率的要求。从现实情况来看，发展地方公债市场，有利于缓解中央财政的压力，提高债券融资的资金使用效率，有利于增强地方政府提供公共品和公共服务的能力，充分发挥地方政府的经济职能，有利于规范地方政府的融资行为，有效防范和化解地方的债务风险，有利于中国债券市场的发展和中央银行金融货币政策的实施，丰富资本市场投资手段和品种，完善金融机构资产负债管理等。

事实上，世界上许多国家都在大力发展地方公债市场，美、日等发达国家早已经建立起较为成熟完善的地方公债市场，不少新兴国家也在积极尝试通过各种政策措施推进本国地方公债市场的发展，通过建立发展地方公债市场来推动国家和地区经济发展已经是一种世界潮流。中国也应该积极借鉴吸收发达国家和新兴国家发展地方公债市场的经验教训来发展本国的地方公债市场。中国早在新中国成立初期就曾有过发行地方公债的实践活动，如 1950 年东北人民政府发行过“东北生产建设折实公债”以及 20 世纪 50 年代末 60 年代初部分地方政府发行的

"地方经济建设公债"。①在现阶段，事实上中国不少地方也积极探索尝试了发行各种地方公债的具体品种，如1997年广州市地铁总公司就发行了广州地铁建设债券，广州市政府负责偿还债券本息，1999年上海市城市建设投资开发总公司发行了5亿元浦东建设债券，债券筹集的资金用于上海地铁二号线一期工程，这些在很大程度上已经是真正意义上的地方公债了。2008年9月，《武汉城市圈资源节约型和环境友好型社会建设综合配套改革试验总体方案》获得批复，国务院给武汉城市圈的政策包括发行市政债、节能债、水专项债券等。2009年，在应对2008年世界金融危机的大背景下，中国政府采取了中央代发地方公债的做法，对地方公债的发行进行实践和试点，中央代发地方公债的做法是发展中国地方公债市场的有益尝试，但由于发债主体和偿债主体的不一致，中央代发的地方债还难说是真正意义上的地方公债，只能说是一种过渡，一种权宜之策。

现阶段，在中国发展地方公债市场具有一定的市场基础和条件，广大居民和机构投资者持有的大量资金需要寻找合适的投资品种进行投资，国债市场的发展实践为发展地方公债提供了大的市场环境和管理经验，地方政府也需要通过发展地方公债来筹集建设资金推进地方公共设施建设和经济社会的发展。与此同时，中国现阶段发展地方公债市场也有很多相关的问题需要进一步的探讨和研究，如债券二级市场的发展和完善、债券投资社会中介机构的发展和完善以及地方政府信用和预算约

① 在这之后，国家逐步形成了高度集中的计划经济体制，停止了公债的发行，直到1981年中国重新开始发行国债。1994年通过的《中华人民共和国预算法》第二十八条规定："除法律和国务院另有规定外，地方政府不得发行地方政府债券。"

束机制的发展和完善等。在中国发展地方公债市场有什么样的理论依据和现实依据，需要具备或者改进什么样的市场条件，应该沿着什么样的路径，采取什么样的政策措施来推进中国地方公债市场的发展，对这些问题的研究具有重大的理论和现实意义。

第二节　国内外研究综述

政府公共债务问题是人类社会一个常见的经济问题，伴随着政府公债的发行实践，政府公债的理论研究在不断丰富和发展。

一、有关政府公债的一般分析

政府公债理论的发展经历了一个漫长的演进过程，其中讨论的焦点问题主要包括：

（一）公债的生产性问题

古典经济学家们大多信奉经济自由主义，反对国家对经济的任何干预，反对国家发行公债。他们认为政府的规模过大会导致政府日常非生产性的开支增加，并且政府行为有干预市场自由经济的倾向和可能性。如亚当·斯密（Smith，1776）认为，用举债的方式来支付政府财政支出就是把原来用于维持生产性的资本转用于非生产性领域，这势必会影响社会生产的发展。“当国家费用由举债来开支时，该国既有资本的一部分，必逐年受到破坏，从而用以维持生产性劳动的若干部分年生产物，必会被转用来维持非生产性劳动。”①萨伊（Say，1803）也否定公债的实用价值，认为公债只是一种书面契约或委任状，是虚假的而不是真正的资本。李嘉图（Ricardo，1817）认为，政府举债就是将生产性的资本转变为非生产性的日常开支，从而减少了社会生产中的资本存量，而这对整个国民经济增长不利。西斯蒙第（Sismondi，1819）则认为公债支出是一种破坏性支出，是对社会资本形成和积累的危害。

随着社会生产的发展进步和资本主义社会的发展，社会上闲置的资本量开始不断增加，资本主义生产环节也开始不断出现各种经济问题和危机，国家政府开始不断介入经济生产领域。在这样的实践背景下，一些主张或赞同发行政府公债的观点逐渐出现，政府的经济行为逐渐受到肯定和认可。在早期马尔萨斯（Malthus，1820）就认为政府财政支出具有生产性，强调政府应干预经济，认为政府发行公债可以促进社会经济的发展。19 世纪中叶英国经济学家约翰·穆勒（Mill，1848）认为政府举债将削弱社会生产资本的力量，但他与斯密不同，开始赞同在社会上存在闲置资本时发行政府公债。20 世纪 20 年代末 30 年代初的世界性经济大危机是政府公债理论发展的转折点。从这次大危机之后，政府干预经济的做法得到了社会的认可和肯定。政府通过举债方式进行赤字扩张刺激经济的做法在现实社会中常见起来。多数经济学家对公债的态度发生了转变，认为政府公债有益于社会经济发展。这一时期的代表人物凯恩斯（Keynes，1936）提出了通过财政赤字刺激社会有效需求，推进

① 亚当·斯密．国民财富的性质和原因的研究（下卷）［M］．郭大力，王亚南，译．商务印书馆，2009：500.

国民收入增长的政策主张。认为政府公债是刺激增加社会总需求的有效途径，发行政府公债有利于克服经济萧条、增加国民收入，有利于刺激经济、增加就业，政府公债是经济制度的稳定器。其后许多经济学家都支持发行公债。如汉森（Hansen，1949）提出了周期性财政政策理论，认为政府的公共支出有助于国民收入的增长，政府通过发行公债可以筹集到支持政府大规模支出所需的资金，发行公债是打开新的投资渠道的有效政策，公债是增加人们财富的有效途径。克莱因（Klein，1950）也认为公债是国民财富增加的重要因素。勒纳（Lerner，1941，1943）则认为政府公债是政府调节经济发展的政策手段。此后，萨缪尔森（Samuelson，1948）提出了新古典综合派的财政理论，认为为了推动经济必须维持一定的公债数量来增加投资，提高经济增长率。20 世纪 70 年代以后，凯恩斯主义受到现实经济发展情况的挑战，其他学派乘机提出自己的理论观点。如供给学派认为宏观经济管理应注重供给方面的激励，公债是弥补财政赤字的有效途径，但会导致经济效率的损失（Roberts，1984）。

随着人类经济社会的不断发展，公债实践活动也不断深入，相应地公债理论也在不断丰富发展起来。总体上讲，公债理论经历了一个从公债有害论到公债有用论的过程。

（二）公债的负担及偿还问题

古典经济学家斯密对公债持否定态度，认为公债会破坏财政和经济发展，公债超过一定规模甚至会使国家衰亡（Smith，1776）。马尔萨斯（Malthus，1820）则批判了斯密的观点，认为斯密没有看到公债增长与社会生产发展之间的对应关系，认为政府可通过发展公债来促进社会经济发展。布坎南（Buchanan，1958）认为，公债只适用于为资本项目融资，债务融资的实际支出成本应由将来为债务承担还本付息的后代承担。继布坎南之后，许多经济学家就公债的负担以及偿还问题进行了讨论。米德（Meade，1958）则通过公债的庇古效应和卡尔多效应分析了公债对劳动和储蓄等的刺激作用，认为政府公债的发行造成流动性减退，政府在利用货币政策平抑价格水平波动的情况下发行偿还公债，则公债的经济定额负担就会减少。穆斯格雷夫（Musgrave，1959）则认为把公债的负担转移到后代是公平合理的，因为后代获得的物质财富是当代人留给他们的遗产，他们理应在将来收益时支付更高的税收量。莫迪利安尼（Modigliani，1961，1964）认为政府的财政政策选择会影响到后代的消费选择，判断公债能否带来债务负担的一个最重要的标准就是看子孙后代继承的资本存量的大小。他还比较了政府公债和税收负担的差别，认为发行公债通过减少民间资本形成而减少了将来的国民收入，征税则比公债降低的储蓄水平低，对民间资本形成的影响小，因而对将来国民收入的影响也不一样。英国新剑桥学派琼·罗宾逊（Robinson，1974）则认为如果为了支付公债的本息而大量征税则会造成国民负担，征税的其他目标将难以实现。

由此可以看出，经济学家们一般认为公债既有利也有弊，公债的负担和偿还要看公债资金的用途。公债资金应用于社会资本性支出，公债对当代人不是负担，其实际负担转移给了后代。

（三）李嘉图等价定理及其争议

英国古典经济学家李嘉图（Ricardo，1817）提出过这样一个观点，认为政府用征税的方式或是发行公债的方式来筹集资金是没有区别的，因为政府现期发行的债务只不过是意味着延期的税收增加而已。后来，新古典主义经济学家巴罗（Barro，1974）对李嘉图的这一观点进行了论证，形成了后来的“李嘉图等价定理”。不同学派的经济学家对这一等价定理进行了研究和论证。莫迪利安尼（Modigliani，1961）、戴蒙德（Diamond，1965）、布兰德（Blandchard，1985）和费尔德斯坦（Feldstein，1985）等人对该定理成立的假设前提进行了论证，不少观点认为李嘉图等价定理是建立在一系列严格的假设前提条件下的，其前提假设如充分信息，留给后代的财富非负，政府只一次性征收人头税等在现实中很难得到满足，相应地该理论在现实中的成立值得怀疑；Kormendi（1983）、Seater 和 Mariano（1985）等人通过对消费的生命周期模型的实证检验，验证了该理论成立。然而 20 世纪 80 年代以来，不少实证研究检验该定理不成立。如费尔德斯坦（Feldstein，1982，1990）认为，政府支出和税收改变对总需求有很大的影响，李嘉图等价定理与实际数据相矛盾。到目前为止，一般认为李嘉图等价定理在现实中很难真正成立，但经济学家们在此问题上的各种分歧依然存在，不同学派对此问题有不同的分析和观点（Seater，1993）。

二、有关地方公债发展的研究

按照新古典经济学的假定，一国中央政府能够完全地提供公共产品，从而达到社会福利最大化的状态，但现实经济发展情况表明地方政府不仅存在，而且在地方经济社会发展方面承担了重要的职能，起到了不可替代的作用，不少文献对此进行了论证。Tiebout（1956）提出了“以足投票”理论，认为中央政府对地方政府放权会引起地方政府之间的竞争，而居民则可以通过自由迁徙的方式选择自己喜欢的公共品提供水平和相应的税收水平，这样可以达到居民的真实偏好与地方政府的公共支出模式达到最优匹配。美国经济学家 Stigler（1957）论述了地方政府存在的两个基本的必要性原则，认为地方政府对辖区居民和公共品需求具有中央政府所没有的信息优势，同时不同地区对公共品的需求是不同的，中央政府无法保证满足这种异质性，这为地方财政分权提供了理论依据，也为地方政府拥有发债权提供了有力的支持；Musgrave（1959）则明确提出了财政分税制的思想，认为在中央政府和地方政府之间进行必要的分权是必要的，发债权则是地方政府财权的应有内容。Oates（1972）提出的财政联邦主义，从福利最大化角度论证认为不应由中央政府提供全部的公共品，让地方政府提供相应的公共品是合理的。而用发债的方式提供地方公共资本品有利于在公共品收益期间摊销公共品的建设投入，避免在地方公共品建设初期一次性地征收大量的税赋，这符合公平与效率的原则，是现实中的一种常见的做法（Temple ，1994，Wallis，2000，Banzhaf and Oates，2008）。由此可见地方政府的存在有其依据，地方政府在提供地方公共品、履行其职能时需要有相应的财权作保证，举债权是独立财权的应有内容，同时用举债的方式提供地方公共资本品是合理的，符合公平与效率的原则。

美国市政债券市场的发展较为完善，市政债券的实践较充分，不少文章以美国市政债券市场为例分析了市政债券市场发展的一般规律性问题。如 Rosenbloom（1976）对地方市政债券市场进行了总括性回顾分析。Poterba（1997）分析了财政制度与美国市政债券市场的关系。Harris（2004）集中分析了地方债券的流动性问题，认为发行者应发行简化的债券，这样债券的流动性强。Reck 和 Wilson（2006）则分析了地方市政债券二级市场上的信息转换及定价问题。Wang 等（2008）分析了地方公债的流动性、收益、违约风险等问题，还有的文献讨论了美国市政债券的保险方面的问题（Daniels and Vijayakumar，2007，Brune and Liu，2011）。目前中国的地方债券市场还处于起步阶段，可以通过对美国市政债券市场的发展历程加以总结，掌握市政债券市场发展的一般规律性，对美国市政债券市场发展中的成熟经验可以加以借鉴。

目前，运用市政债券为城市化基础设施融资的优势被越来越多的新兴国家所认同，一些新兴国家正在以美国市政债券市场为蓝本发展本国国内的市政债券市场，虽然美国市政债券市场条件短期内在这些国家无法复制建立起来，但这些国家的政策制定者运用了一系列创新技术手段推进了本国的市政债券市场的发展。Leigland（1997）以美国市政债券市场发展为模板，从投资吸引和发行引致两个方面详细分析评价了印度尼西亚、菲律宾、波兰和南非四个新兴经济体国家在市政债券市场发展方面的策略和进展，以及其在进一步发展中将要面临的挑战。Phelps（1997）在介绍了美国市政债券的经验做法基础上，对不同国家市政债券市场的发展情况进行了国别分析。Lewis（2003）对印尼地方债务风险与地方财政能力的关系进行了探讨。认为大多数的区域性政府的举债是经过中央政府代为实现的，所以在财政能力许可的情况下，地方政府借债比较容易，债务的清偿取决于地方政府和中央政府的意愿和许可程度。总之，不少文献认为发行地方公债为地方基础设施和公共服务项目融资已成为一种世界潮流，是一种发展趋势。

在中国，有许多文献分析介绍了一些发达国家发展地方公债的经验教训特别是美日两国发展地方公债的经验做法，并以此来为中国发展地方公债市场提供参考。不少文献介绍了美国和日本地方公债的基本制度框架、发展状况及监督审批制度等，如刘长琨（1998）、张海星（2001）等。也有文献针对中国国内地方政府运行过程中存在的债务规模过大和预算软约束等问题，专门考察分析了美国和日本对地方公债市场加强风险信用管理，强化监管的有益做法。如孙克竞（2006）分美国地方公债信用监管制度、信用评级制度、信息披露制度和保险制度等几个方面介绍了美国市政债券的信用管理方面的经验做法。宋立（2005）分析了美国和日本两种不同地方公债制度设计以及日本中央政府对地方公债的审批监管做法。研究表明在具体监管过程中，美国强调私人经济和中介机构对地方公债的监督，采用的是市场化的监管方式，而日本则强调中央政府对地方政府的约束和监管审批，采用的是行政监管方式。针对中国国情，多数分析认为美国、日本对地方公债市场的监管制度特别是日本的监管方式值得中国加以学习借鉴。

三、关于发展中国地方公债的讨论

在中国，有关地方公债的研究是随着经济社会的不断发展而不断深化的，有关地方公债的讨论成为了理论的焦点问题。

在地方公债的一般理论分析中，袁东（2000）认为随着积极财政政策的实施，公债特别是国债日益成为重要的政府宏观调控杠杆。对于中国政府举债行为，林国庆（2003）认为这反映了古典的市场机制的制度传统与不断变化的社会制度需求之间的矛盾，它在一定程度上反映了当代政府在市场体制框架内举债扩张的一般性规律。王红建（2009）从财政分权与宪政的实现的角度讨论了中国发行地方公债的一般机理。不少文献分析论证了地方公债存在的理论依据（高奎明，2006）。

对于中国在现阶段发行地方政府公债问题，有观点对现阶段推出地方政府公债条件是否成熟进行了质疑，刘华（2003）分析认为地方政府发债的制度保障是完善科学的分税制、财权与事权的适配以及地方政府的预算硬约束，而目前中国地方政府发债的制度条件尚不成熟。杨萍（2004）从国外地方政府债券市场的发展经验角度分析，也认为中国目前发展地方政府债券的条件还不成熟。也有观点认为，地方公债制度的建立应当以对地方政府的有效监督以及地方公民自由迁移等法治环境为前提，而从中国目前的实际情况来看，发展地方公债的时机尚未成熟。李冬梅（2004）分析了发行地方公债可能带来的各种风险，认为只有充分考虑各种风险和困难并作好各方面的配套改革，才能确保地方公债发挥应有的效应。多数观点认为中国现阶段发行地方政府公债的条件已经成熟，应该逐步推进中国地方政府公债的发展。不少观点认为地方政府肩负提供地方性公共产品的职能，并且随着社会经济的发展，许多与地方居民息息相关的社会公益事业也在不断地发展，地方政府在提供地方公共产品方面将扮演着越来越重要的角度，地方财政支出的规模也随之扩大，地方政府在提供地方性公共产品上具有中央政府所没有的信息对称的优势，发行地方公债是保证地方政府更好履行其职能，加快地方基础设施建设和经济社会发展的需要，特别是中国当前加快城市化进程及促进各种专项事业发展的需要（王益，2002）。举债也是地方政府缓解地方资金供需矛盾和地方财政年度间支出需求相差悬殊矛盾的有效途径，发展地方公债也是完善中国金融市场、健全金融体系以及便利宏观经济调控的需要。同时，随着中国分税制财税体制改革的实施和不断发展，地方财政已独立预算，与此相适应，地方应享有相应独立的税收权及公债发行权。中央政府从调动地方政府积极性的角度出发，也应下放相应的事权和财权，以促进地方政府增强责任感和提高社会公平程度（贾康等，2002）。

从发展地方公债融资的现实基础条件来看，地方政府债券作为一种“银边债券”，具有收益稳定、风险较小的特点，在目前存在巨大的市场发行空间，且能得到债券购买者的积极响应，中国现阶段在对债券需求和资金供给方面没有问题。同时，中国政府在债券发行和管理方面已积累了较成熟的经验，国外也有比较成熟的经验教训可以借鉴，客观上讲现阶段地方政府一些融资创新方式，实际上就是地方政府债券发行的实践。另外，中国证券市场的发展基础和当前较低的市场利率水平都为地方债券的发行提供了良好的市场外部条件。因此，为了完善分税制财税体制改革，加快地方性基础设施建设和经济社会发展，国家应允许地方政府在一定范围内发行地方政府债券。另外，很多文献讨论了发展中国公债市场的政策措施及配套改革问题，如杨志勇（2009）认为地方政府拥有发债权是必然的，也是中国财政体制进一步改革所需要的。地方发债应明确目标定位，当前地方债正式启动还需要包括增加地方政府债务信息透明度，明确地方债筹集资金的去向等一系列配套改革。陈少强（2009）等则具体分析讨论了中央代发地方债模式的实施背景、性质、作用等问题。

关于中国发展地方公债的现实问题，有关地方公债的研究是随着地方公债发行实践而不断发展的。随着中国地方公债的发行实践，潘国旗（2009，2014）以江浙沪等地方实践为例重点研究了中国近代发展地方公债的经验借鉴。地方公债的适度规模控制则是另一个焦点问题（杨胜刚，张润泽，2011，谭庆刚，戚萍，2013，张英杰，赵继志，辛洪波，2014，等）。贾康等（2010）则重点分析了地方公债的风险防范措施。

以上关于此问题的研究可以发现，有关公债问题的讨论一直是经济学研究的核心问题，关于公债的起因、功能、效应以及公债本身的规模、结构等理论研究和实证检验成果非常丰富。单独的关于地方公债的理论分析则稍显单薄，尽管地方公债制度早已在实践中应用。近几年来，关于中国发行地方公债的问题讨论非常热烈，成为理论焦点问题，很多观点从中央地方经济建设、财政风险角度分析认为应该发行地方公债，伴随着中国地方公债的发行实践，有关中国地方公债市场的发展问题有待进一步研究。

第三节　研究思路、结构及方法

本书以中国地方公债市场的发展为研究主题，在论证发展地方公债的理论依据基础上，结合中国当前实际情况，从为什么发展地方公债，能不能发展地方公债以及怎么样发展地方公债三个大的方面系统探讨分析中国地方公债发展问题。从分析地方财政困境出发，以综合比较地方政府四种融资方式的融资效率为着力点，重点分析论证现阶段发展地方公债的必要性，解决“为什么发展地方公债”问题。以建立地方公债发展的需求供给分析框架为出发点，从供给、需求两个层面分析中国发展地方公债的市场基础条件以及需要改进完善的地方，结合当前世界范围地方公债市场发展的总体趋势，详细剖析现阶段发展地方公债的市场条件，回答“能不能发展地方公债”问题。以市场化发展为导向和研究视角，在借鉴美、日等国家发展地方公债的经验教训基础上，结合中国地方公债发展实践，提出发展地方公债的对策建议，解决“怎么样发展地方公债”问题。

全书共分为六个部分，第一章为导论，介绍文章研究背景、主题、国内外研究现状及论文结构思路等。第二章介绍地方公债的一般理论，分析介绍了地方公债的概念、特征及分类等，分析论证了发展地方公债的理论基础并介绍了地方公债中的“李嘉图等价”问题。第三章在介绍中国地方财政收支不平衡特点基础上，评价了当前中国地方政府常用的四种融资方式，并运用主成分分析和熵值法对这四种融资方式的融资效率进行了综合对比评价，得出地方公债融资优于其他三种方式的结论，认为地方公债融资应为当前地方政府融资的主渠道。第四章则进一步从供给、需求两个大的层面分析了在中国发展地方公债的市场基础及条件，以及一些需要改进完善的地方，认为中国当前具备发行地方公债的基本条件，应尝试发展自己的地方公债市场。第五章介绍了美国和日本两国发展地方公债市场的经验教训，并对当前中国发展地方公债市场的一些实践尝试进行了分析，认为当前中央代发地方债的做法是发展地方公债市场的有益尝试，但具有过渡性特征，中国应该在加强地方政府信用及预算约束等的基础上发展真正意义上的地方公债市场。本书最后一章则在综合前面分析的基础上，提出促进中国地方公债市场发展的政策建议。

本书在研究过程中使用的主要研究方法有：

（1）实证分析与规范分析相结合。本书在客观论述地方公债的理论基础，以及在对中国地方财政收支运行不平衡情况，地方政府融资行为实证比较分析的基础上，得出发展中国地方公债的必要性，应该发展中国地方公债市场的结论。在客观分析中国现阶段发展地方公债市场的市场基础条件基础上，指出需要改进的地方以及进一步发展的政策建议。在借鉴美国、日本两国发展地方公债市场的基础上，评价了中国自己的发展实践，认为中国应借鉴美国、日本的经验发展自己的地方公债市场。

（2）综合比较的研究方法。本书在分别介绍目前中国地方政府常用的四种融资方式的基础上，运用主成分分析和熵值法对这四种融资方式的融资效率进行了综合比较分析，得出地方公债融资方式的融资效率优于其他三种方式的结论，认为当前中国应优先发展地方公债市场，利用地方公债为地方建设项目融资。在介绍分析美国较为成熟的地方公债市场基础上对中国目前的市场基础条件进行了对比分析，寻求中国地方公债市场需要注重改进的方面。在分析当前中国中央代发的地方债的特征时，将其与国债资金转贷地方和一般意义上的地方公债进行了对比分析，认为中央代发的地方公债是中国发展地方公债市场的有益尝试，应在此基础上进一步推进中国的地方公债市场发展，在比较分析中寻求问题的本质属性。

（3）历史与逻辑分析相结合。分析中国经济问题需要了解经济问题的由来，需要结合中国发展的实际情况加以分析，中国地方公债在建国初期就有出现，现阶段的地方公债市场发展有其特定的历史现实条件，在分析这一问题时，本书先分析了地方公债在中国的发展历程，又结合中国国情对现阶段的地方公债发展状况进行了剖析。本书在介绍美国、日本等国较为成熟的地方公债市场发展实践基础上，结合中国实际发展状况分析了中国发展地方公债市场的基础性条件。

第四节 本书的创新点

在已有的研究基础上，本书从以下几个方面进行创新性探索：

（1）本书在分别介绍中国地方政府现阶段常用的四种融资方式的基础上，选用指标运用主成分分析和熵值法对这四种融资方式的融资效率进行了综合比较分析，得出地方公债融资方式的融资效率优于其他三种融资方式的结论。

（2）在对现有的有关“李嘉图等价定理”文献分析总结基础上，对中国地方公债市场中的“李嘉图等价”问题进行了初步分析，尝试将“李嘉图等价”问题的讨论由国家层面延伸到地方政府层面。

（3）在分析总结美国等较为成熟的地方公债市场基础上，运用需求-供给的分析框架来分析中国发展地方公债市场的市场基础条件状况，找出中国发展地方公债市场需要改进的地方。对中央代发的地方公债进行了剖析，并提出了现阶段中国发展地方公债的对策建议。

第二章　地方公债的理论分析

第一节　地方公债的概念、特征及功能

地方公债，简称地方债，指的是地方政府债券，是与中央政府债券（国债）相对应的概念，地方政府从地方经济社会发展状况出发，在承担还本付息基础上向社会公众公开发行的政府债券。在这里地方公债不是泛指地方政府的公共债务，同国债不是泛指国家公共债务一样，也不包括地方私体经济发行的债券如地方企业债等。地方公债指的是地方政府以自己财政收入及相关建设项目收益为保证发行的一种债券，与国债相对应，发行地方公债筹集的资金一般是用于本地区的基础设施和公共服务项目的建设，通过发行地方公债筹集地方建设资金是目前国际上通行的做法。在西方一些国家如美国，地方公债也称为市政债券。

一、地方公债的特征

地方公债按偿债资金来源不同可分为收益债券和一般责任债券两种，收益债券是地方政府以特定的建设项目产生的收益作为还债资金保证发行的债券，以建设项目的收益能力为还债保障，在性质上接近企业债券。一般责任债券是由地方政府以其信用和税收收入作为担保发行的债券，还债保障主要是地方政府的税收收入，在性质上接近于税收。地方公债按偿还期限长短可分为短期债券和长期债券。地方公债一般为地方基础设施和公共建设项目融资，属于资本性支出，相应的地方公债常见的是中长期债券形式。

地方公债是国家公债体系的重要组成部分，与国债一样，地方公债是一种政府公债，以相应的政府信用为担保，具有风险小、收益安全稳定的特点，但与国债不同，地方公债是以地方政府信用为担保，以地方财政收入或建设项目收益为还债资金来源，与国债以国家信用为担保相比，地方公债的信用要低一些，是一种“银边债券”。

地方公债的发行要受到严格的审批，债券资金用途一般有明确的规定。地方公债筹集的资金一般用于地方社会公益性项目和基础设施建设，这些建设项目一般具有投入建设资金数量大、建设周期时间久、项目使用周期长的特点，这也决定了地方公债一般具有发行数量较大、债券期限较长的特点。

地方公债具有地域性特点，地方公债是地方政府针对本地区经济社会发展的实际需要，针对本地区某一特定发展目标而发行筹集的资金，债券发行资金使用针对地方发展实际，灵活针对性强。不同地区的地方公债因发债地区经济社会发展水平不同在债券信用、债券收益及流通等方面存在很大的差异。另外，应对不同的建设项目所发行的地方公债也有不同。地方公债的使用具有很强的灵活性和针对性。

二、地方公债的功能

（一）筹集地方建设性资金

当前中国地方政府承担着提供地方基础设施和公共服务项目，促进地方经济社会发展的重任，而地方基础设施和公共服务项目是地方经济社会发展的基础，其发展程度将直接决定本地区的经济发展速度和社会发展水平。基础设施和公共服务项目的建设具有建设周期长、投入资金数量大、项目受益期久的特点，私人资本难以进入这一领域，中央财政也只能承担关系国家经济命脉的重大基础设施和公共服务项目的建设，大量的地方基础设施和公共服务项目需要地方政府来承担，地方财政在运行过程中难以形成足额的专项资金投入这些项目建设中，发行地方公债则刚好满足这一需求，通过发行地方公债可以筹集到大量的建设资金投入城市公共基础设施建设中，不会造成地方税收在某一较短时期内突然大量增加的情况，有利于将地区居民的权利与义务公平分摊到项目建设使用周期中，实现代际公平。

（二）增加地方财政收入

地方公债是地方政府增加财政收入的有效途径。通过发行地方债券，地方政府可以筹集到大量的财政资金。与税收相比，通过发行公债筹集财政资金不受立法程序的制约，不会遭到纳税人的反对，不会影响经济的正常发展，不会扭曲经济行为，只是将社会上闲置不用的资金暂时集中到政府手中，实现社会资金使用权的暂时转移和经济资源的合理配置，不会对地方经济社会发展产生不利的影响。

（三）调节地方经济运行

地方公债是地方政府调节经济运行的有效手段。发行地方公债可以把居民和企业暂时闲置的多余资金集中到政府手中，用于地方生产建设项目中去，特别是城市基础设施和公共服务项目的建设对促进地方经济发展，这对于改善地方居民生活条件，促进地方福利具有重要意义。当地方经济发展出现波动时，地方政府可以通过调节地方公债资金的投放和回收，平抑经济波动，实现地方经济的平稳增长。与此同时，政府通过发行地方公债筹集地方建设资金，实际上是把用于私人消费的资金转到生产性建设领域，通过建设地方资本性项目，可以改善地方经济结构，改善提高地方居民的物质文化生活水平。此外，地方政府通过地方公债形式筹集建设资金能发挥投资导向作用，引导地方投资方向，防止和避免出现重复投资、盲目投资的倾向，实现投资结构和产业结构的优化。

（四）满足投资者的投资需求

地方公债是以地方政府信用为担保发行的债券，与企业债券相比具有收益稳定、风险小的特点，是一种“银边债券”，适合私人和机构投资者等广大投资者投资。当前，中国地方居民拥有大量的储蓄存款需要找到合适的投资机会，各大银行、社保基金、保险基金等机构投资者手中握有大量闲置资金需要实现资产的保值增值，需要获取更多的投资组合来尽可能地降低风险并获得稳定的投资回报，地方公债作为一种政府公债，其信用略低于国债，但高于企业债券，容易受到广大居民和机构投资者的欢迎。

(五) 丰富债券市场体系

地方公债是一国债券市场体系的重要组成部分，在发达市场国家中，地方公债在整个债券市场中都占有重要的部分，如果只有国债和企业债券而缺少地方公债，那么中国的债券市场是不完备的。发展地方公债，有利于满足相应的市场投资需求，丰富市场投资品种，活跃健全债券市场，促进中国资本市场的良性发展。

第二节　地方公债的理论依据

一、公共产品理论与地方公债

按照萨谬尔森（Samuelson，1954）的定义，纯粹的公共产品能使每一个人在对该产品消费的同时并不排斥减少任何其他人对该产品的消费，即纯粹的公共产品具有非排他性和非竞争性的特征。除此之外，还存在着大量的具有非排他性或非竞争性的准公共产品。布坎南认为任何集团或社会团体因为某种原因通过集体组织提供的商品或服务都应该被定义为公共产品。① 公共产品因其特殊属性一般很难通过市场价格机制调节私人经济来提供，这是市场机制失灵的地方，一般需要政府出面提供相应的公共产品来弥补这一市场缺陷。

公共产品按照其受益范围的不同可划分为全国性公共产品和地方性公共产品。一些公共产品的存在可以让全国的居民从中受益，成为全国性公共产品，这种公共产品一般由一国中央政府来提供。而另一些公共产品则具有地域性，只会使在一定辖区内的居民受益，其收益基本上集中在某一范围之内，其供给主要是着眼于某一特定的区域需求，相应地，其成本也应由本地区来承担，即从成本收益对称的角度讲，应该由地方承担提供这类公共产品的责任。从理论上讲，中央政府也可以提供这类地方性公共产品，但后果是容易带来效率损失。因为各个地方居民对公共产品的需求偏好不同，不同地区对公共产品的需求不一样。与地方政府相比，中央政府在掌握地方居民对公共品德偏好、需求信息方面处于信息劣势。如果由中央政府来提供地方公共产品，地区居民对公共产品的不同偏好很难得到体现或被忽视。

假如有两地区，其辖区内对公共产品的需求是不同的，表现为两条不同的需求曲线 D_1 和曲线 D_2。假设公共产品的平均税赋一定，在这样的成本下，第一个辖区内居民对公共产品的需求数量为 Q_1，第二个辖区内居民对公共产品的需求数量则为 Q_2（$Q_1<Q_2$），但如果由中央政府来提供地方公共产品，则很难让中央政府按照 Q_1 或 Q_2 的数量来提供，从公平、地区平衡发展等

① 布坎南（J. M. Buchanan）. 民主财政论［M］. 穆怀朋，译. 商务印书馆，1999.

角度考虑中央政府很可能会提供一个介于 Q_1 和 Q_2 之间的公共产品数量，如 Q_0（$Q_1<Q_0<Q_2$）。这样一来，对于第一个区域来讲，中央政府的公共品供给超过了其实际需求，而由于公共品的人均成本相同，所以其成本支出超过了其实际收益，存在福利损失现象；而对于第二个区域来讲，这样的公共产品供给方式导致实际公共产品的提供小于其实际需求量，对公共产品的实际需求量得不到满足，也会导致福利损失，由此可见，由中央政府来统一提供地方公共产品不可取，容易造成经济福利损失。

而地方政府在了解掌握本地区居民对公共产品偏好程度，本地区对公共产品的实际需求种类数量方面具有优势，地方性公共产品应由地方政府来提供。另外根据 Tiebout（1956）模型，地区居民也可以通过“以足投票”的方式来刺激地方政府有效地提供合适的公共产品。

因此，公共产品的层次性说明从成本-收益的一致性以及地方政府的信息优势来讲，应该由地方政府来提供地方公共产品。地方政府提供公共产品的过程实际上是地方公共支出的过程。地方政府可以通过税收、收费等渠道获取的财政资金或通过举债方式获取的债务资金来支持提供地方公共品时的支出，但很多公共产品的供给具有资金数量大、建设周期长、受益年限久的特点，通过举债来提供大部分资金是较为合理的做法。因此，公共产品理论为一国中央与地方政府在提供公共产品的范围划分提供了理论依据，也为地方政府通过举债方式筹集地方建设资金提供地方公共产品以便履行其经济职能提供了理论基础。

二、公共支出理论与地方公债

根据现代公共财政理论，政府的支出分为经常性公共支出和资本性公共支出两大类，经常性公共支出指维持政府部门正常运转或保障人们基本生活所必需的支出，主要包括政府日常办公经费和各类保障支出等；资本性公共支出则指政府用于提供使用年限长的耐久公共品所需的支出。政府的经常性支出一般在支出的当年时间内就会获得相应收益，而资本性支出的项目一般需要投入大规模的资金，而且其成本相对于一般经常性支出要大，政府资本性支出会在支出之后的若干年内获得相应的收益。因此根据成本与收益的匹配要求，因为资本性支出的收益发生在支出后的若干年内，资本性支出的成本也应该分摊到支出后的若干年内，这样才符合成本收益相匹配的原则。

政府支出的资金来源大体上可分为两大类，一为通过税赋、收费等获得的财政收入，一为通过举债方式筹集的债务资金。通过税费方式获得的资金其成本发生在当期以内，而政府的经常性支出其收益一般是在支出发生的当期，用这类税费资金来支持当期以内的政府经常性支出则使得资金的成本承担者和支出的收益者相一致。而通过举债方式筹集的债务资金则需要以后时期内的居民承担相应的偿还责任，这种方式筹集的资金，其成本被分解到以后的若干个时期内。如果用举债方式筹集的建设资金用于政府的经常性支出项目，则会使得当期居民无偿获得政府支出的收益，而让后面若干时期内的居民承担偿还责任，这不符合公平与效率的原则。根据成本分摊与收益分享的实际情况，应该用举债筹集的建设资金用于支持政府资本性支出项目，这样一来，可以将资本性支出的成本分摊到以后的各个收益时期以内，实现成本与收益的一致。

因此，按照效率与公平的原则，政府的经常性支出通过政府税费等财政资金承担，政府的资本性支出则大部分应由举债筹集的资金来承担。而政府对地方公共产品的支出大多属于资本性支出，地方政府提供地方公共产品的过程基本上就是地方政府资本性支出的过程。地方政府资本性支出资金可用地方政府举债筹集资金的方式来支付，这为地方政府发展地方公债提供了理论依据。

三、财政分权理论与地方公债

一般认为，政府在现代市场经济条件下发挥着组织调节社会生产、弥补市场缺陷、维护社会公平等作用。按照财政分权理论，政府承担着稳定经济、配置资源和分配收入的经济职能。一国中央政府主要提供全国范围内的公共产品和服务，维护总体经济稳定和收入分配公平性，地方政府是一国政府体系的重要组成部分。相应地，地方政府也承担着相应的经济社会职能，而且与中央政府相比，地方政府在了解本地区的发展需要、提高本地区的资源配置效率、满足本地区居民对公共产品和服务需要方面具有优势。因此，应充分发挥地方政府的经济社会职能，促进经济社会的发展，而地方政府在履行其职能即事权时应该有相应的财权作保证，使地方的事权与财权相对应。而举债权则是地方独立财权中的应有内容，中国实施的分税制财税体制改革是财政分权理论的体现。现阶段中国地方政府承担着提供公共产品和服务以及地方基础设施，推动地方经济社会发展和结构转变的重任，在相应的事权要求下，应给予地方政府相应的财权，分税制改革就是要在划分事权的基础上划分相应的财权，保证事权与财权相匹配。允许地方政府举债筹集地方建设资金，充分发挥地方政府职能，促进地方经济社会发展。由此可见，现代财政分权理论为地方政府发展地方公债提供了理论依据。

第三节　地方公债中的李嘉图等价问题

政府举债对经济的影响是经济学一直在讨论的问题，其中李嘉图等价定理（简称李嘉图等价）一直处于讨论的中心地位并产生了深远的影响，讨论公债效应时有必要对这一问题进行分析。

一、李嘉图等价定理及其争论①

英国古典经济学家李嘉图（Ricardo，1817）在其著作中曾写过这样的话："如果为了一年的战费支出而发行公债的方式征集 2000 万镑，这就是从国家的生产资本中取去了 2000 万镑，每年的偿付这种公债利息而征课的 100 万镑的人手中，也就是由纳税人手中转移到公债绩权人手中。实际的开支是那 2000 万镑，而不是为那 2000 万镑必须支付的利息。付不付利息都不会使国家增富或变穷。政府可以通过赋税的方式一次征收 2000 万

① 关于李嘉图等价定理及其争论的论述参考了新帕尔格雷夫经济学大辞典《李嘉图等价定理》和高培勇《国债运行机制》中的论述方法。

镑，在这种情形下，就不必每年征课100万镑。但这样做，并不会改变这一问题的性质。”①这段论述表明，政府无论是用一次性征税或是用发行债券方式来筹集资金，其对经济活动的影响是无差别的，发行债券筹集资金虽然不用现在征税，但将来债券还本付息还是会落到纳税人的头上，债券融资不过是税收的延期征收而已。李嘉图这一观点后来被称为“李嘉图等价定理”。李嘉图等价要成立，暗含着一个条件即人的寿命是无期限的，这样债券持有人才不会因为寿命问题而逃避将来的税收。但现实并非这样，人的寿命并不是无限的，如果有人在债券到期前去世则此人享受到了政府举债带来的好处而无需承担偿还责任，这样，李嘉图等价就不成立了。后来，美国经济学家巴罗（1974）发展了利他主义的假说，弥补了原先李嘉图等价问题逻辑上的这个不足之处。巴罗认为一个具有利他主义动机的消费者不仅只关心自身的消费行为，还会关心子孙后代的消费情况，即具有利他动机的消费者不仅从自身消费行为中获得效用，而且还会从自己子孙后代的消费中获得效用，这样一来，由他自己还是自己的后代承担债券融资的税收负担是一样的，没有区别，债券本息会被他传给自己的后代以偿还将来债务到期时候发生的税收增加，这样一来，李嘉图等价定理就会继续成立。

李嘉图等价定理如果成立，则意味着政府是用举债方式还是征税方式来筹集建设资金对社会消费投资水平的影响是无差别的，在现代国民收入决定理论中，社会消费需求的大小对整个国民收入水平的决定有十分重要的影响，而消费需求的大小

① 大卫·李嘉图．政治经济学及赋税原理［M］．郭大力，王亚南，译．商务印书馆，2009：206.

又取决于同期消费者的可支配收入及财富总量的水平。如果李嘉图等价定理成立，则消费者将非常清楚现在的债务与将来的税赋之间的关系，而不会将手中的债券当作自己财富的增加而增加自己的消费水平。因此无论是征税或是举债，社会消费总需求不会发生变化，国民收入也不变，政府实施的政策特别是赤字扩张的财政政策没有效果。反之，如果消费者不清楚现在的债券与将来的税赋增加之间的对应关系，或者虽然知晓但出于某些原因而并不在意，则消费者手中的债券将被或部分被当作自身财富的增加而增加自身的消费水平，这样社会总需求水平会上升，国民收入增加，刺激总需求的扩张性赤字政策这时有效果。

也有许多经济学家认为李嘉图等价定理难以成立，因为其理论假设与实际情况不符合，突出表现在以下几个方面：①李嘉图等价定理的假设条件要求消费者是利他主义的，而且留给后代的财富不为负值，现实中并不总是这样，已有的实证研究表明，消费者即使是利他的也有可能留给后代债务。②李嘉图等价定理没有考虑举债过程中产生的财富再分配效应，债券持有人可以获得利息，而最终债券的还本付息要通过对所有人的征税来偿还，这样实际上是将一部分资源转给了债券持有人即举债使债券持有人获利而使得非持有人受损。③李嘉图等价定理假设的是政府只征收一次性的人头税，而现实经济生活中，许多税赋是针对某些经济行为征收的，这样征税一般会引起人们经济行为的变化而导致李嘉图等价定理不成立。此外，还有对李嘉图等价定理中暗含的充分信息、充分理性以及完全的资本市场等假设的质疑。大量的实证研究对李嘉图等价定理进行了检验，结果中有支持李嘉图等价定理的，也有显示李嘉图等价定理不成立的。

二、地方公债中的李嘉图等价问题

李嘉图等价定理一般是被用来分析国家层面上的政府筹资行为，事实上地方公债中同样存在李嘉图等价问题。在国家层面上，李嘉图等价定理成立的理论基础是利他主义行为的消费者，而在地方公债层面上，其理论基础则是因为消费者的自由迁徙以及政府财政行为的变化会反映在地方地产价格的变化上这样的假设。Daly（1969）认为如果消费者拥有土地，则自由迁徙问题就不会存在，因为地方政府融资行为的变化会充分反映在土地的价格变化上。Akai（1994），Oates（2005），Banzhaf和Oates（2008）分别建立了地方政府融资层面上的李嘉图等价定理成立的模型，分析了在地方层面上李嘉图等价定理成立的条件和假说。按照Banzhaf和Oates（2008）建立的模型内容，要证明李嘉图等价在地方层面上成立，就是要证明消费者在地方政府融资方式选择变化面前面临的预算约束是一样的。

按照Banzhaf和Oates（2008）的模型，假设有a和b两个地区，每个地区拥有相同面积的固定房产，两个地区以相同的价格给本地区居民提供公共服务，以年作为时间单位且居民每年的收入 y_t 为外生变量。因为房产面积固定，房产价格可以看作是进入社区的“准入证”价格①，假设在两个社区中居民无差异，房产初始价格在a地区和b地区中是一样的都为 p_0，且

① 在Oates（2005）的模型中，政府举债将反映在“准入证”价格的差异上，Banzhaf认为这样的假设过于严格，从Hamilton-Tiebout精神出发，他建立的模型，让居民可以在提供不同公共服务的不同地区间自由流动。

起始价 $p_0=0$。

假设现在 a 地区和 b 地区有机会购买一件公共物品以使得自己辖区内居民的生活质量提高，比如购买一处公园，其面积为 M，定义人均面积 $m=M/n$，人均公园面积价格 $p_m=1$。现假设 a 地区通过对其居民一次性征税的方式来筹集购买公园的资金，而 b 地区则通过发行债券的方式来筹集购买公园的资金，这样一来，在接下来的时期内 a、b 两地区在其他各方面情况保持不变，只是 a 地区的居民可以无偿享受购买公园带来的效用，而 b 地区的居民每期要缴纳 mr 的税收去偿还购买公园带来的债务。因为居民可以在不同的地区间自由移动迁徙，因此，如果此时有 $p_a=p_b$，那将会有人从 b 地区搬到 a 地区，a 地区的房产价格将发生变化，直到价格调整到

$$p'_a=p'_b+mr\frac{1}{r}=p'_b+m \tag{2.1}$$

也就是房产价格必须调整到居民在 a、b 两个地区的状况是一样的，这样一来，人均债务的价值就完全反映在房产价格上了。相应地对于居民来讲有两种选择，要么留在原地区，要么搬到别的地区去。然后，Banzhaf 和 Oates（2008）比较了二者之间的预算约束差别。

先看不出售其房产，留下不搬走的居民，对于 b 地区来讲，这类居民的效用最大化问题是：

$$\begin{cases}\max_{(m,\ c_t)}\ \sum_t u(c_t,\ m)(1+r)^{-t}\\ s.t.\ \sum_t y_t(1+r)^{-t}=\sum_t c_t(1+r)^{-t}+mr\frac{1}{r}\end{cases} \tag{2.2}$$

对于 a 地区的这类居民来讲，则有：

$$\begin{cases} \max_{(m,\ c_t)} \ \sum_t u(c_t,\ m)(1+r)^{-t} \\ s.t.\ \sum_t y_t(1+r)^{-t} = \sum_t c_t(1+r)^{-t} + m \end{cases} \tag{2.3}$$

比较（2.1）（2.2）式可以看出，a、b 两地居民将有相同的现值，选择相同面积的公园面积。

再看在下一时期决定搬出原地区的居民的效用最大化问题。对于原先居住在 b 地区的居民来讲，有：

$$\begin{cases} \max_{(m,\ c_t)} \ \sum_t u(c_t,\ m)(1+r)^{-t} \\ s.t.\ \sum_t y_t(1+r)^{-t} = \sum_t c_t(1+r)^{-t} + mr\dfrac{1}{r} - \dfrac{p_b}{1+r} \end{cases} \tag{2.4}$$

式中的预算约束式是居民消费的现值、前一个时期支付的公园费用还原的现值和当期卖掉房产的现值。

对于原先居住在 a 地区的居民来讲，则有：

$$\begin{cases} \max_{(m,\ c_t)} \ \sum_t u(c_t,\ m)(1+r)^{-t} \\ s.t.\ \sum_t y_t(1+r)^{-t} = \sum_t c_t(1+r)^{-t} + m - \dfrac{P_a}{1+r} \end{cases} \tag{2.5}$$

把公式（2.1）代入（2.5）式可得到：

$$\begin{cases} \max_{(m,\ c_t)} \ \sum_t u(c_t,\ m)(1+r)^{-t} \\ s.t.\ \sum_t y_t(1+r)^{-t} = \sum_t c_t(1+r)^{-t} + m\dfrac{r}{1+r} - \dfrac{p_b}{1+r} \end{cases} \tag{2.6}$$

比较可以看出，（2.4）和（2.6）式相同，说明此时 a、b 两地居民将会有相同的消费选择。

因此可以看出，在此模型中，无论是用征税还是用发债的方式来购买公共品，两地居民在个人消费效用水平和对公共品数量的选择上是无差异的，此时李嘉图等价成立。

其上模型分析的是李嘉图等价在地方层面上成立的情形，它讨论的不是利他主义导致的代际问题，而是在不同时期，政府筹资方式变化的行为通过土地市场反映在居民地产价值的变化上的问题。它是建立在一系列严格的假设前提基础上的，如果实际中不满足这些严格的条件，那其成立条件就值得怀疑。其一，如同在国家层面对这一问题的分析一样，地方层面中的李嘉图等价成立所需要的完全信息假设在现实中值得怀疑，各种形式的“财政幻觉”也会影响居民的实际经济行为。换句话讲，居民也许并不完全清楚政府公共赤字扩张对自己将来福利的实际确切影响，或者即使十分清楚其影响，但因为某些原因如“财政幻觉”等，居民并不是如模型中假设的那样去行动，则李嘉图等价成立的条件就会被破坏。其二，现实中地方政府往往能有个体居民所没有的渠道以更优惠的条件在信用市场上获取资金，这样一来，个体居民便会倾向于通过政府融资渠道去获取低利率福利，这样一来，李嘉图等价便因为个体居民的理性选择行为而不会成立。其三，如 Hatfield（2010）分析，早期模型分析李嘉图等价在地方层面上成立的一个前提是地方土地价格不是通过市场需求来决定的，土地价格更多地被当作一种准入价格，即取得相应的土地获得在该地区居住资格的一种价格，政府举债行为将反映在这一准入价格的变化上，如果土地价格由对土地的市场需求通过土地市场来决定，则李嘉图等价成立的条件将破坏。其四，如果地方层面上的李嘉图等价要成立，地方税就应该只是建立在地产税的基础上，如果有收入税或者其他税种支持地方公共支出，那么李嘉图等价就不成立了，地方通过发行地方公债筹资就会改善其辖区居民的福利水平。另外还有一些现实情况也会导致李嘉图等价在地方层面上难以成立。如现在许多地方政府的债券利息收入是免税的，作为理性的消费者会利用这一点改变自己的选择行为，这样李嘉图等价也就可能不会成立等。

三、启示

通过对李嘉图等价定理及地方公债中的李嘉图等价问题的分析，可以看出，李嘉图等价成立是在一系列严格假设前提条件下的，现实中的经济社会条件不同，有关李嘉图等价成立与否的结论就不同，从中国现阶段情况来看：

（一）地方公债对持有人来说可以是财富而不是负担

地方政府发行公债以后在将来的某个时期必须还本付息，从这个角度讲，地方公债是一种负担，但现实中地方政府发债筹集的资金一般是用于地方公共建设来促进地方经济增长的，如果地方经济能够持续良性发展，地方公债规模得到有效控制，那么地方政府税收收入、偿债能力和政府信用等将得到保障和加强，这将大大降低地方公债的负担，地方居民的实际福利也会改善。按照李嘉图等价定理成立的条件，地方居民必须完全清楚地方政府赤字增加对其将来福利的影响并将据此来改变自己的经济行为，以平衡将来税收增加带来的影响。但现实生活中，因为信息不对称、不充分等原因，地方居民难以十分清楚这种关联，或者即使清楚这一点但因为某种原因如财政幻觉等居民并不完全在意这种政府财政行为对自己将来潜在的影响，如果是这样，居民就会因发债而增加现期的消费。另外发行地方公债会产生再分配效应，持有地方公债的居民会获得利息收入，而且在现实经济中，政府公共债券利息收入一般是免税的，政府会拿税收收入补偿持有地方公债的居民，相对地讲，持有地方公债的居民获得政府的补助，这些居民的收入将会相应增加。此外，现实生活中，许多政府发债来筹集建设资金以后是运用以新债还旧债的方式进行偿还的，即运用发新债还旧债，如果债务增长规模满足一定的收敛条件且政府信用可靠，理论上讲以发新债来还旧债的做法可以一直持续下去，这时居民可以将持有的地方公债视作财富的增加而增加自己的消费了。

（二）发行地方公债可以刺激地方经济增长

李嘉图等价在地方层面上成立，需要满足一系列的假设条件，其中关键的一条就是当地居民要完全清楚政府现在的赤字对自己将来的确切影响，并随之调整自己的经济行为，但现实中情况并不完全如此，帕廷金（Patinkin，1965）认为，在政府发行的公债存量中，有等于 k 比例的部分会被居民当作财富的增加，至于 k 值的大小，取决于居民对现期债务与将来税赋增加之间关系的认识程度，如果居民对此全然不知或不予理会，则 k 值等于 1。现实中的情况表明 k 值很可能非 0。如果有 $k>0$ 的情况发生，居民会认为自己财富增加而增加自己的当期消费，整个地区的消费需求会因此增加，这将促进地方收入水平增加、福利改善。此外，政府举债筹集的资金一般是用于地方基础设施和公共项目建设中，这有利于促进地方经济增长，增加地方税收收入，即地方公债的资金使用具有生产性，这将增强地方政府债务还本付息的能力和地方经济福利状况的改善，促进地方经济社会发展。

（三）地方政府应注重维护自身信用，严选举债资金的投向，严控举债规模

地方政府是在其信用基础上发行公共债务，进行扩张性的赤字政策来刺激发展经济的。政府的信用水平下降，债务融资的成本将上升，债务负担会加重。如果政府信用水平下调将引起地方居民的心理预期发生改变，私人经济将增加现期储蓄来抵制将来可能的支出增加，这样政府的赤字政策将没有实际效果。如果政府无视自身信用状况大肆进行信用扩张，则有可能引发债务危机，引起实体经济波动，影响经济增长。因此，地方政府应注重维护自身的信用，良好的政府信用是政府举债的基础。

同时，地方政府应严格选择举债资金的使用方向，严格控制举债规模，确保公债负担率稳定收敛，并将举债资金严格用于地方基础设施和公共服务建设项目中，用来促进地方经济增长，这是地方发展政府公债的生命线。从长远角度看只有稳定收敛规模的地方举债具有生产性，促进了地方经济的发展，增强了地方政府的财政实力，这样发展地方公债的目的才会达到，地方公债的偿还才会有保障，地方公债才不会成为地方政府和地方居民沉重的债务负担。如果地方政府将大量无节制的举债资金大量用于日常支出，甚至挥霍无度，则地方政府的信用受影响，债务融资成本高，公债资金无法实现良性循环，地区居民负担加重，如果债务得不到有效偿还则容易引发债务危机。

第三章　中国发展地方公债的现实依据

第一节　地方财政运行困境

改革开放之前，中国的政府是一种全能型的政府，政府管辖着经济社会的各个方面。改革开放以后，中国进行了政府职能的改革实践，新世纪以来，中国政府明确了经济调节、市场监管、社会管理和公共服务的基本职能定位，并确定中央与地方的事权和财权划分范围，中国地方政府承担着提供地方基础设施和公共服务责任，并肩负着推动地方经济发展和社会结构转型的重任，但与此同时，地方政府的财政收入占全部财政收入的比例明显偏低，地方政府财政收支不平衡现象突出，地方财政在实际运行过程中面临着收不抵支的困境，在相应事权的压力下，地方政府自主开辟了许多融资途径，造成了地方政府债务规模过大，债务隐蔽性强、难以有效监管，地方债务风险不断加大的局面。

一、分税制对中央地方收支范围的划分

在新中国成立初期，实行的是计划型的财政体制。在计划经济条件下，政府管辖着经济社会的各个方面，财政活动主要围绕国家计划开展活动，是一种统收统支的高度集中的财政制度，地方财政基本上是依附于中央财政，是整个国家计划经济体制的一个组成部分。这种高度集中的财政体制压抑了地方财政的积极性，造成了众多的弊端，不利于社会经济的发展。之后国家对此财政体制进行了试点改革。1994 年中国进行了分税制改革，在划分事权的基础上，划分中央与地方政府的财政支出范围，把税收分为国税和地税两大块，按税收划分中央、地方收入①。

在中央与地方事权的划分上，归中央投资和管辖的公共事务主要包括全国性基础设施和公共设施及国防、外交外事、对外援助、武警部队、中央政府机关和中央事业单位以及国家公检机关等；归地方投资和管辖的公共事务则主要包括地方性基础设施和公共设施、地方政府机构和地方事业单位、地方公检法和民兵。此外，归中央与地方共同承担的公共事务主要有教育、科技、卫生、文化体育、抚恤和社会福利救济、劳动就业和社会保障补助，以及对不发达地区援助和灾难救助等。

在划分事权的基础上，1994 年分税制财政体制改革确定了中央与地方财政的支出范围，如表 3-1 所示。

---

① 在其后过程中国家对其中的一些收支项目作了微调，如证券交易税中央地方分享比例调整等，但大体框架是 1994 年分税制改革确定的。

表 3-1　　分税制改革中央与地方财政支出范围的划分

中央财政支出	国防费、武警经费、外交及援外支出、中央统管的基本建设投资、中央直属企业技术改造及新产品试制费、地质勘探费、中央行政管理费，归中央安排的支农支出，归中央负担的国内外债务还本付息支出，由中央负担的公检法支出及文化、科技、教育、卫生等各项事业费支出
地方财政支出	地方行政管理费，地方公检法支出，部分武警经费及民兵事业费，地方统筹的基本建设投资，地方企业技术改造及新产品试制费，地方支农支出，城市维护和建设经费以及地方文化、教育、卫生等各项事业费支出，另外价格补贴支出和其他支出

资料来源：国务院：《国务院关于实行分税制财政管理体制的决定》，1994 年 12 月 15 日。

中央财政在划分事权和中央与地方政府的财政支出范围的基础上，进一步把税收分为国税和地税两大块，按税收划分中央、地方收入，见表 3-2。

表 3-2　　分税制改革中央与地方财政收入范围的划分

中央财政收入	关税，海关代征消费税及增值税、消费税，中央企业所得税，中央企业上缴利润，地方银行和外资银行及非银行金融企业所得税，铁道部门、各银行总行、各保险总公司等集中交纳的收入（包括营业税、所得税、利润和城市维护建设税）等

续表

地方财政收入	营业税（不包括铁道部门、各银行总行、各保险总公司集中交纳的营业税），地方企业所得税（不包括上述地方银行和外资银行及非银行金融企业所得税），地方企业上缴利润，个人所得税，城镇土地使用税，耕地占用税，土地增值税，国有土地有偿使用收入，城市维护建设税（不包括铁道部门、各银行总行、各保险总公司集中交纳的部分），固定资产投资方向调节税，房产税，车船使用税，印花税，屠宰税，农牧业税，农业特产税，契税，遗产税和赠与税等
中央与地方共享收入	增值税（中央分享 75%，地方分享 25%）、资源税（资源税按不同的资源品种划分，大部分资源税作为地方收入，海洋石油资源税作为中央收入）、证券交易税（中央与地方各分享 50%）

资料来源：国务院：《国务院关于实行分税制财政管理体制的决定》，1994 年 12 月 15 日。

同时，中央还建立了对地方的税收返还和转移支付制度，以维持地方财政支出的原有规模和基本利益格局。

分税制改革中，中央与地方事权财权划分的特点是中央财政收入高于地方财政收入，但地方承担的事权多于中央，地方财政支出高于中央财政支出。除了国防、外交等公共事务由中央全部承担以外，其他方面的公共事务主要由地方承担。

二、地方财政收支不平衡

1994 年的分税制改革规范了中央、地方的财政分配关系，提高了国家财政收入，强化了中央财政的调控能力，但地方财政预算收入明显下降，地方政府财政收支不平衡现象突出，地方财政在实际运行过程中面临着收不抵支的困境，地方财政实际运行过程中的收支情况可从表 3-3 中看出。

表 3-3 **地方财政收支情况表**

年份	财政收入			财政支出		
	全国值（亿元）	地方值（亿元）	地方占全国的比重(%)	全国值（亿元）	地方值（亿元）	地方占全国的比重(%)
1978	1132.26	956.49	84.5	1122.09	589.97	52.6
1980	1159.93	875.48	75.5	1228.83	562.02	45.7
1985	2004.82	1235.19	61.6	2004.25	1209.00	60.3
1990	2937.10	1944.68	66.2	3083.59	2079.12	67.4
1991	3149.48	2211.23	70.2	3386.62	2295.81	67.8
1992	3483.37	2503.86	71.9	3742.20	2571.76	68.7
1993	4348.95	3391.44	78.0	4642.30	3330.24	71.7
1994	5218.10	2311.60	44.3	5792.62	4038.19	69.7
1995	6242.20	2985.58	47.8	6823.72	4828.33	70.8
1996	7407.99	3746.92	50.6	7937.55	5786.28	72.9
1997	8651.14	4424.22	51.1	9233.56	6701.06	72.6
1998	9875.95	4983.95	50.5	10798.18	7672.58	71.1
1999	11444.08	5594.87	48.9	13187.67	9035.34	68.5
2000	13395.23	6406.06	47.8	15886.50	10366.65	65.3
2001	16386.04	7803.30	47.6	18902.58	13134.56	69.5
2002	18903.64	8515.00	45.0	22053.15	15281.45	69.3
2003	21715.25	9849.98	45.4	24649.95	17229.85	69.9
2004	26396.47	11893.37	45.1	28486.89	20592.81	72.3
2005	31649.29	15100.76	47.7	33930.28	25154.31	74.1

续表

年份	财政收入			财政支出		
	全国值（亿元）	地方值（亿元）	地方占全国的比重(%)	全国值（亿元）	地方值（亿元）	地方占全国的比重(%)
2006	38760.20	18303.58	47.2	40422.73	30431.33	75.3
2007	51321.78	23572.62	45.9	49781.35	38339.29	77.0
2008	61330.35	28649.79	46.7	62592.66	49248.49	78.7
2009	68518.30	32602.59	47.6	76299.93	61044.14	80.0

资料来源：《中国统计年鉴2010》。

一般地，地方财政支出规模情况可用地方财政支出占全部财政支出的比重来衡量。从表3-3中可以看出，地方财政支出规模从1994年的4038.19亿元上升到2009年的61044.14亿元，平均每年增长40%以上，快于全国财政支出增长速度和GDP增长速度，分税制改革以来地方财政支出占全部财政支出的比重一直稳居在70%左右，2004年以后还有不断上涨的趋势。

但从地方财政的收入方面来看，分税制改革以后，财权向中央政府集中的趋势明显。地方政府承担更多事权的同时，地方财力并没有相应地增大，从表3-3中可以看出，分税制改革以后，地方财政的收入占财政总收入的比重迅速下降，1994年以后一直保持在47%左右，明显低于地方财政支出占全国财政支出的比重，即地方财政要用不到50%的财政收入支撑70%以上的财政支出。地方财政的收支不平衡不断扩大如图3-1所示。

预算外资金指国家机关、事业单位和社会团体为履行或代行政府职能，依据国家法律、法规和具有法律效力的规章而收取、提取和安排使用的未纳入国家预算管理的各种财政性资金。其范围主要包括：法律法规规定的行政事业性收费、基金和附

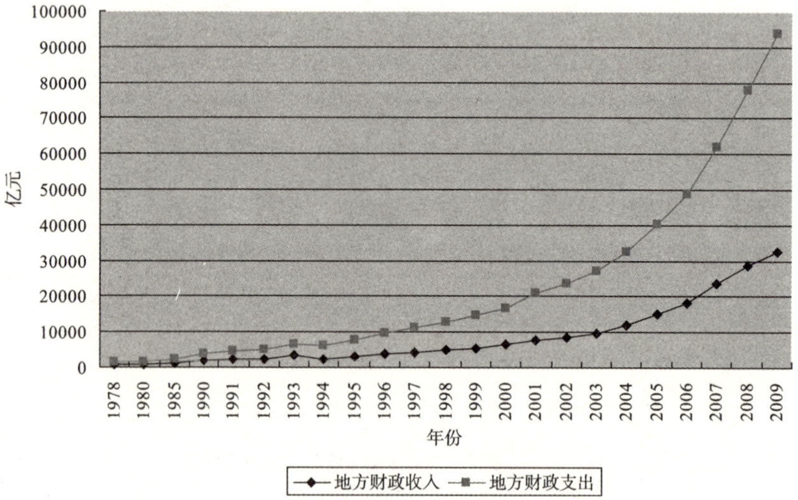

图 3-1　地方财政收支不平衡情况

资料来源：根据《中国统计年鉴 2010》整理得出。

加收入等。改革开放以后，随着中央不断把支出责任下放到地方，由于地方财力不足，加之中央财政转移支付力度有限，各地方政府便积极寻求预算外收入来源。与此同时，中央政府为了调动地方政府和部门发展积极性，也明确规定了预算外资金归地方、部门和单位所有，中央不参与其中，从而一度预算外资金成为了地方各项支出的重要来源。从图 3-2 中可以看出，在 1994 年之前，地方预算外收支占预算内财政收支的比例很高，按照统计数据 1992 年分别达到 85. 8%和 80. 0%。分税制改革以后，国家逐渐加强了对预算外资金收和支的规范化管理，先是将地方国有企业的留成利润从地方政府预算外收入中划分出来，导致地方预算外收支明显下降。从 1997 年起，预算外资金收支不包括纳入预算内管理的政府性基金（收费）。从 2004

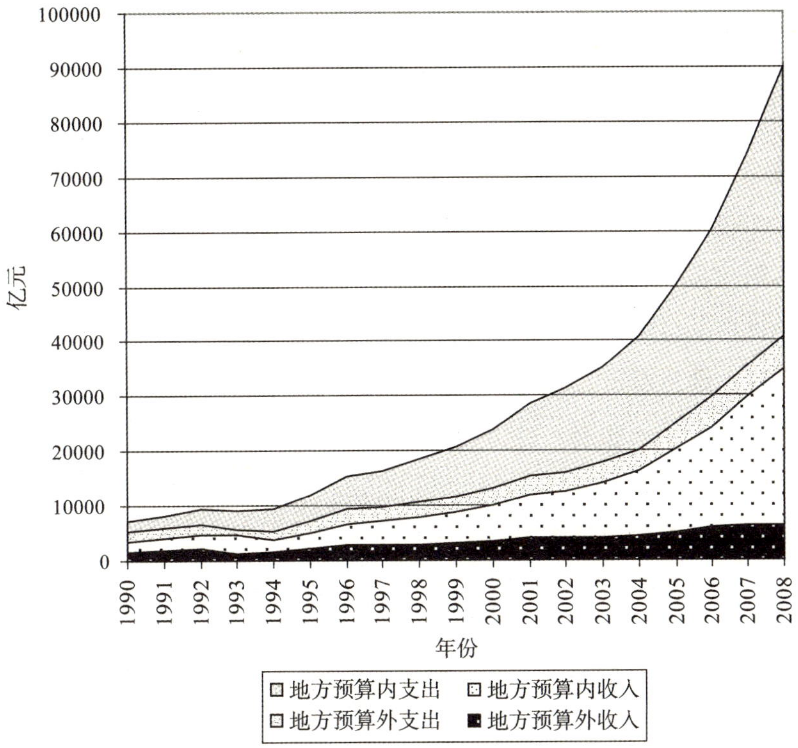

图 3-2　地方预算内外资金情况图

资料来源：《中国统计年鉴 2010》。

年起，预算外资金收支为财政预算外专户收支。财政部门在银行开设统一的专户，用于预算外资金收入和支出管理。部门和单位的预算外收入必须上缴同级财政专户，支出由同级财政按预算外资金收支计划和单位财务收支计划统筹安排，从财政专户中拨付，实行收支两条线管理。地方预算外资金绝对规模不断增长，但占地方财政预算内收支的比例不断下降，2008 年地方预算外收支分别为 6125. 16 亿元和 5944. 23 亿元，分别占地方预算内收支的 21. 4%和 12. 1%。

地方财政支出结构则是指地方财政支出总额中各类支出的组合比例。从表 3-4 中可以看出，在地方政府支出中其他支出一项占的比例过大，不少年份里超过了基本建设支出的比重；文教科卫事业费占地方财政支出比重不断下降，行政管理费占整个财政支出的比重虽有下降趋势，但规模和比重还是较高，2000—2006 年间年平均在 10%以上；抚恤和社会福利救济费所占的比重一直偏低，规模较小；城市维护建设费支出有所增长。由此可见，地方政府的财政支出结构比例关系并没有充分体现和保障地方政府提供地方公共设施、促进地方经济社会稳定发展的应有基本职能，地方政府应改进其支出结构，才能更好地发挥其基本职能。

从横向的比较来看，中国地方财政支出结构中教育经费支出和社会福利等支出与美国等发达市场经济国家比还有较大差距，基于地方政府更好履行其基本职能的角度出发需要中国地方财政在此不断加大支出力度。据测算，1991 年美国地方政府的教育支出占本级政府支出的 39. 9%，而 2009 年中国地方政府教育支出为 9869. 92 亿元，占其整个支出的 16. 2%；美国州政府的公共福利支出占其财政支出的 18%，而 2006 年中国地方政府支出中仅有 902. 07 亿元是抚恤和社会福利救济费，占其整个支出的 2. 96%。① 根据世界银行的数据，2006 年世界上高收入国家人均医疗支出平均达 3998 美元，中国为 94 美元，是美国的 1. 4%，是日本的 3. 4%，也远远低于韩国、新加坡等国人均水平。②

① 根据大卫 · N. 海曼《公共财政》（中国财政经济出版社 2001 年版）和《中国统计年鉴 2010》中的数据计算。

② 资料来源：世界银行 WDI 数据库。

表 3-4　　**中国地方财政支出结构分类和主要支出项目占其比例**　　单位：亿元

项目＼年份	1994	1996	1998	2000	2001	2002	2003	2004	2005	2006
合计	4038. 24	5786. 3	7672. 6	10366. 65	13134. 56	15281. 45	17229. 85	20592. 81	25154. 31	30431. 33
基本建设支出	293. 0 （7. 26）	508. 9 （8. 79）	778. 2 （10. 14）	1092. 3 （10. 53）	1647. 6 （12. 5）	1889. 84 （12. 4）	1906. 53 （11. 1）	2393. 70 （11. 6）	2675. 78 （10. 6）	2906. 86 （9. 6）
企业挖潜改造资金	266. 8 （6. 61）	349. 2 （6. 03）	419. 4 （5. 47）	498. 07 （4. 81）	602. 0 （4. 58）	552. 69 （3. 62）	634. 28 （3. 68）	741. 51 （3. 6）	869. 33 （3. 46）	951. 51 （3. 13）
支农支出	354. 8 （7. 95）	455. 1 （7. 87）	577. 2 （7. 26）	689. 47 （6. 64）	358. 6 （2. 73）	982. 96 （6. 43）	999. 27 （5. 80）	1551. 99 （7. 54）	1644. 87 （6. 54）	1966. 96 （6. 46）
文教科卫事业费	1139. 61 （28. 2）	1542. 7 （26. 6）	1912. 5 （24. 93）	2450. 91 （23. 6）	1957. 8 （14. 9）	3531. 59 （23. 1）	3997. 57 （23. 2）	4623. 09 （22. 45）	5516. 51 （21. 93）	6706. 91 （22. 04）
抚恤和社会福利救济费	94. 2 （2. 33）	126. 7 （2. 19）	164. 9 （2. 15）	210. 82 （2. 0）	264. 8 （2. 02）	370. 29 （2. 42）	493. 69 （2. 87）	555. 74 （2. 69）	711. 05 （2. 83）	902. 07 （2. 96）
行政管理费	670. 6 （16. 61）	969. 4 （16. 75）	1235. 7 （16. 11）	1659. 46 （16. 0）	1179. 3 （8. 98）	1434. 65 （9. 39）	1657. 75 （9. 62）	1995. 21 （9. 69）	2419. 23 （9. 62）	2894. 74 （9. 51）

续表

项目＼年份	1994	1996	1998	2000	2001	2002	2003	2004	2005	2006
政策性补贴支出	221.8 (5.49)	330.5 (5.17)	348.2 (4.54)	395.86 (3.82)	443.1 (3.37)	373.58 (2.44)	379.79 (2.20)	378.47 (1.84)	407.03 (1.62)	837.30 (2.75)
城市维护建设支出	285.8 (7.08)	336.5 (5.82)	439.1 (5.72)	539.23 (5.2)	568.0 (4.32)	653.99 (4.28)	761.82 (4.42)	1061.92 (5.16)	1393.61 (5.54)	1698.69 (5.58)
支援经济不发达地区支出	20.2	55.5	110.8	122.95	133.5	141.01	155.99	172.53	188.76	215.92
地质勘探费	0.42	1.20	1.03	44.14	69.3	72.99	81.36	88.70	92.75	103.87
其他支出	639.5 (15.84)	955.3 (16.51)	1527.3 (19.91)	2412.71 (23.27)	1043.1 (7.94)	1155.20 (7.56)	1368.72 (7.94)	1737.33 (8.44)	2468.00 (9.81)	3211.13 (10.55)

注：括号内是百分比。

资料来源：根据《中国财政年鉴2001》、《中国统计年鉴》（2002—2007）中有关数据计算而成。

此外，随着经济社会的发展，环境、资源和气候保护以及与之相关的问题已成为一个国家实现可持续发展的关键问题，可以预见各级政府在这些领域的财政支出将会进一步增大。中国是世界上少数几个资源大国之一，但中国人口多，经济不断增长，对资源的需求总量不断增加，各类资源供应将长期短缺。另外，中国在经济发展过程中环境受到破坏，环境质量恶化，需要中国各级政府采取有效措施，切实承担起保护资源、加强生态环境建设、应对气候变化挑战的责任。

另外，在经济出现下滑趋势或遭遇危机冲击时中央政府都会出台经济刺激计划，如2008年世界金融危机爆发之后，中央政府推出了大规模的经济刺激计划，在达4万亿元投资刺激计划中，中央政府投资仅1.18万亿元，其余资金则需由银行和地方政府配套，这又需要地方政府提供大规模的配套资金。总之，地方财政支出有不断扩大的趋势。

三、地方政府融资现状

现阶段地方财政的收支不平衡不断扩大，在巨大的资金需求面前，地方政府采取了各种各样的融资方式进行融资，结果造成了地方政府债务规模过大，债务隐蔽性强、难以得到有效监管，地方债务风险不断加大的局面。地方政府的融资状况可以概括出三个基本特征。

（一）举债主体多元化，债务规模不断膨胀

由于中国现阶段没有相应的法律法规对地方举债主体资格进行限制，中央对地方政府的融资行为主体界定也没有明确的

硬性约束，于是地方政府在相应事权的压力下形成了多头举债的局面，造成了地方债务规模难以控制、不断扩大的趋势。据审计署审计结果①，截至 2010 年，全国地方政府性债务余额近 10. 7 万亿元。按举债主体和地方政府偿债责任的轻重，可分为三个层次，其中第一层次是由政府或政府部门等单位举借，用财政资金偿还的债务。这类债务达 6. 7 万亿元，占整个债务规模的 62. 6%。第二层次是地方政府提供直接或间接担保形成的或有债务，这类债务债务人出现偿债困难时，地方政府要承担连带责任。其数额达 2. 3 万亿元，占整个债务规模的 21. 8%。2010 年年底，有 78 个市级和 99 个县级政府负有偿还责任债务的债务率高于 100%，分别占两级政府总数的 19. 9%和 3. 56%。

（二）缺乏有效规范的融资渠道，融资资金使用效益差

由于中国预算法明确规定，未经中央批准地方政府不得发行地方债券融资，同时，国家规定地方政府也不能直接向国内的中资金融机构贷款，或为其所属的投资公司担保借款。这样许多地方政府在既不能直接发债融资又不能向银行借贷的情况下寻求各种变通的、非正规的融资方式实现筹集资金的目标，如将债务分散到所属各部门或下属公司，或以为其他单位或项目提供担保的方式获取资金，或成立专门的投资公司代替政府向银行借款等。这种融资操作不规范，机制不健全，甚至有些是违规操作，成为地方政府财政运行的隐患，为地方政府积累了不少的债务风险。通过这些非正规渠道获取的资金在使用过程中随意性较大，缺乏有效监管，资金的使用效益差。据审计

① 审计署审计结果公告（二〇一一年第三十五号）：《全国地方政府性债务审计结果》，中华人民共和国审计署网站，2011-06-27。

署审计结果①，许多地方政府性债务资金的举借、管理和使用不规范，2011 年审计结果共发现违规问题资金达 1082. 53 亿元。主要表现是融资平台以虚假或价值评估不合理的抵押物获取债务资金；将债务资金违规使用；资金浪费现象和违法违纪案件等。

（三）债务隐蔽性强，透明度差，风险难以监控

一直以来，地方政府融资渠道众多，债务结构复杂、性质多样，而地方政府融资信息披露机制不完善，许多地方债务资金没有纳入财政预算管理，游离于现行财政体制之外，其准确信息难以被掌握，利益相关者都无从了解其中准确信息，地方人大、审计监督部门难以对其形成有效监督。而且目前许多地方政府巧借名目，非法或违规融资，这类债务一般隐蔽性更强，透明度极差，中央一般难以准确了解其情况。这样造成地方债务实际规模难以准确把握，地方债务风险监控难以进行，债务预警机制也难以建立。

目前，中国地方政府债务规模庞大，情况复杂，缺乏有效监管，债务风险不断积累，形势已经相当严峻，已成为地方和国家经济发展的巨大隐患。

第二节　地方政府融资行为比较分析

在现实经济中，地方政府融资是个宽泛的概念，它指的是

① 审计署审计结果公告（二〇一一年第三十五号）：《全国地方政府性债务审计结果》，中华人民共和国审计署网站，2011-06-27。

地方各级政府为实现经济社会发展目标通过各种渠道方式筹集建设资金的行为。一般说来，地方政府融资渠道主要有财政拨款、债务性融资、资产（资源）融资和权益融资等几大类，财政拨款主要指本级地方财政预算拨款和来自中央的各种专项拨款、转移支付等，债务性融资包括地方政府的贷款收入和发行地方政府债券收入（包括国债资金转贷地方等）以及政府性投资公司的银行贷款和债券收入等。资产（资源）融资指地方政府利用所掌握的政府资产和公共资源筹集的资金，包括各种有形资产（资源）融资如项目融资、土地融资等。也包括各种无形资产（资源）融资，如特许经营权融资等。权益性融资则指地方政府投资项目公司在资本市场上进行股票融资以及自筹资金等。

一、地方政府常见的融资方式分析

目前，中国地方政府尝试了通过各种融资方式来筹集建设资金。从各种融资方式来看，项目融资、ABC 融资以及股权融资等方式只能以有收益的建设项目为融资主体，有其特定的特点和使用范围；而大量的公共基本设施和服务项目建设周期长，投入资金数量大，而收益性较低，这类项目需要政府投入大量建设资金，事实也证明地方政府在城市基础设施建设和运营中一直承担着主导作用。

目前，中国法律明确规定，不允许地方政府直接向银行贷款或为各类建设项目的银行贷款提供担保，在此背景下，地方政府常用的融资方式主要有四种：土地融资（LF）、融资平台融资（PF）、地方公债融资（BF）以及中央政府财政拨款（AF）。

（一）土地融资（LF）

现阶段，中国地方政府垄断了地方土地使用市场，通过招标、拍卖和挂牌方式公开出让土地使用权，地方政府获得了巨额的土地出让金收入，由此而形成的以土地出让金为主体的土地融资（LF）已成为许多地方政府最重要的融资方式，许多地方财政已经成为土地财权。从表 3-5 中可以看出，土地出让金占地方财政收入的比重一直居高不下，2007 年达到了 50.9%，说明当前许多地方政府已形成对土地出让金的过度依赖。

表 3-5　**2004—2009 年土地出让金占中国地方财政收入比例**

单位：亿元

项目 / 年份	土地出让金	地方财政收入	土地出让金占地方财政收入比重（%）
2004	5894	11893. 37	49. 6
2005	5505	15100. 76	36. 5
2006	7000	18303. 58	41. 9
2007	12000	23572. 62	50. 9
2008	9600	28649. 79	33. 5
2009	15900	32602. 59	48. 8

资料来源：根据《中国统计年鉴 2010》和罗松山（2010）有关数据计算而成。

此外还有以土地为抵押获得大量借债收入、刺激建筑业和房地产业发展增加地方税费收入等形式。根据现行土地制度，土地是国家所有和集体所有的二元所有制，即农村土地集体所有，城市土地国家所有，但国家可在作出适当补偿的情况下依照程序将集体土地征为国有。这样实质上地方政府获得了集体土地征用权，而作为利益对立另一方的集体经济组织和农民则处于完全的弱势地位。

土地财政在一定程度上缓解了地方财政压力，促进了城市基础设施和公共服务项目的建设，但其缺陷是很明显的。土地资源有限，土地财政不具有可持续性。地方政府过分依赖土地生财，追求土地收益最大化，可能引发各类经济和社会风险，影响社会稳定。近年来由于征地拆迁补偿不合理而引发的群众事件无论是数量上还是规模上都呈现了扩大化趋势。据国土资源部的统计数据①，2011 年上半年，全国发现违法用地行为 3 万件，涉及土地面积 1.85 万公顷，其中耕地 0.63 万公顷，同比分别上升 8.05%、14.76%、0.31%。

（二）融资平台融资（PF）

目前，中国在法律上不允许地方政府直接向银行借款，但许多地方政府通过组建各式各样的政府性投资公司（融资平台）向银行获得了信贷资金，融资平台融资（PF）是中国地方政府在现有体制下解决资金缺口的一个创新之举。这一融资方式已经在地方经济社会发展中起到了重要作用，成为地方政府重要融资方式之一。在这一融资方式下，地方政府通过财政资金注入、国有资产注资、土地收益投入以及赋予特许经营权等方式扶持组建政府性投资公司，形成了一个代替地方政府承担政府建设项目投、融资和建设任务的平台和载体，地方政府通过地方融资平台获取了大量的建设资金。但政府性投资公司运作不规范，融资平台融资行为规范性差，负债率高，还款能力得不

① 国土资源部：2011 年上半年国土资源有关统计数据，国土资源部网站，2011-08-23。

到有力保障，债务风险不断加大。

地方政府融资平台数量众多，管理不规范，盈利能力弱。据审计署审计结果①，截至2010年底，全国省、市、县三级政府共设立融资平台公司6576家，其政府性债务余额达49710.68亿元，占地方政府性债务余额的46.38%。有1033家融资平台公司存在虚假出资、注册资本没到位、地方政府和部门违规注资、抽走资本金等问题，涉及金额2441.5亿元；有1734家融资平台公司出现亏损。

（三）地方公债融资（BF）

地方公债融资指地方政府以发行的政府性公共债券来筹集建设资金的行为，中国在新中国成立早期曾尝试发行过地方债，后来预算法明确规定，除法律和国务院另有规定外，地方政府不得发行地方债券。随着改革开放和经济、社会的发展，中国现阶段有不少有关地方政府发行债券的理论探讨，也有不少地方政府在实施着各种准地方债或事实上的地方债的发行实践。地方公债作为一种规范的地方政府融资渠道也备受关注，在应对国际金融危机的大背景下，中国尝试了用中央代发的方式发行地方公债。2009年财政部代理发行了2000亿元的地方债，期限为3年，面向记账式国债承销商发行，采用市场化招标方式

① 审计署审计结果公告（二〇一一年第三十五号）：《全国地方政府性债务审计结果》，中华人民共和国审计署网站，2011-06-27。

确定发行利率。2010 年中央共发行地方公债 10 期，其中 3 年期地方政府债券发行额为 1384 亿元，5 年期地方政府债券发行额为 616 亿元。①2011 年根据中央预算安排将会继续发行地方公债来满足地方政府的建设资金需要，落实各项建设任务，并以此来不断提高地方政府债券管理水平，推动中国地方公债市场不断发展。

（四）中央政府财政拨款（AF）

中央财政拨款是指中央财政对地方的专项拨款以及国债资金无偿转拨地方的资金。中央财政对地方的专项拨款是中央为实施特定的宏观经济政策目标而设立的对地方的专项补助资金，如专项林业补助资金等。一般由地方政府提出申请，由财政部和中央主管部门决定拨款数额。国债资金转入地方主要有两种形式，一种是国债资金转贷地方，地方政府统借、统筹、统还转贷资金，负责对财政部的还本付息工作，也称为国债专项资金。另一种是国债资金无偿转拨给地方的部分，类似于一般意义上的中央转移支付，但国债转入地方的资金一般属于专项资金，有特定的资金使用范围，一般是用于地方公共事业建设项目支出。国债资金转贷地方这种形式名义上借债人是国家，实际承债人是地方政府，地方政府使用资金并负责对中央财政还本付息，这种资金转移形式具有过渡性质，与中央代发地方债相似，本书将在第五章中分析讨论这种资金转移形式，在这里只分析国债资金转拨地方的这种国债资金转入地方的形式。

---

① 资料来源：财政部网（http：//gks. mof. gov. cn/redianzhuanti/guozaiguanli/difangzhengfuzhaiquan）。

中央的专项财政拨款是中央政府为了实施专项宏观经济政策目标而实施的，涉及范围广泛，资金用途多，它在优化财政支出结构、提高财政资金使用效率、强化对地方政府调控、引导地方财政资金投向等方面具有无可替代的作用。但在现行条件下，专项财政拨款立项审批不够规范，专项拨款的分配难有客观的依据和标准。另外，在专项财政拨款的使用过程中缺乏有效的监督管理体制，资金使用效益难以保证。国债资金无偿转拨地方也存在类似的情况。

据审计署审计结果①，2010 年在中央转移支付总额 2.73 万亿元中，专项转移支付资金为 1.41 万亿元，但部分专项资金建设项目设置交叉重复、资金部门多头管理和分配，许多资金未完整纳入地方预算。按现行财政专项资金管理支付办法，有些用途相类似的专项资金，涉及多个管理部门和多个项目，现实中由于监管未形成合力，资金拨付链条长，审计的 90 个县中发现多头申报、套取和挪用财政资金等问题金额达 3.32 亿元。此外，到 2010 年底，90 个县专项转移支付总额的 20% 共计 116.27 亿元的资金没有得到及时安排使用。

二、四种融资方式的融资效率分析

目前，这四种融资方式被地方政府广泛使用于地方公共建设资金筹集过程中，但由于其自身特点和运行情况的不同，这四种融资方式的融资效率并不相同。从提高自身融资效率、改进经济社会经济福利的角度出发，政府应大力发展并鼓励采用

① 审计署：《关于 2010 年度中央预算执行和其他财政收支的审计工作报告》，中华人民共和国审计署网站，2011-06-27。

高效的融资渠道，选取最适宜的融资方式进行融资。有很多文献讨论分析了这四种融资方式各自的特点和实际运用情况。事实上，在中国现阶段，由于还处于转轨时期，地方政府职能转变不到位，地方政府从自身经济利益和政绩考核要求出发，在进行社会经济事务管理和调控、提供地方基础设施和公共服务的同时，还承担了一些代替市场行使部分资源配置的职能，以及引导市场发展、带动地方经济增长的职能，其一些经济行为如融资行为等可以从经济效率的角度加以考量。

反映经济体融资效率的指标有很多，从政府融资的特点出发，四种融资方式的融资效率可以从融资成本（x_1）、资金到位率（x_2）、资金使用率（x_3）、融资机制规范度（x_4）、融资期限（x_5）、融资主体自由度（x_6）、资金清偿能力（x_7）和资金使用自由度（x_8）共八个方面，即八个指标进行测评。根据现有的文献资料，可以从这八个方面对这四种融资方式进行效率评价。

融资成本（x_1）的高低与融资效率的高低成反比。融资成本越高，则融资效率越低。对于资金成本来讲，地方政府垄断了地方土地使用市场，地方政府通过招标、拍卖、挂牌出售等方式出让土地使用权而获取了大量的财政资金，其直接的融资成本较低。目前，中央代发的地方公债信用强并通过国债成熟发行渠道，采用市场化招标的方式发行，其发行利率较低，利率水平也受债券市场整体利率水平的影响。目前，地方公债与同期的记账式国债的市场收益率相当，略高于后者。地方政府通过融资平台融资一般会得到银行的优惠利率，因此其利率水平略低于同期银行贷款利率，加上贷款的担保、抵押等环节，其融资成本高于地方债的融资成本。地方政府申请的从中央政府获得的专项财政转移资金的融资成本很小。

从资金利用率的角度评价融资效率，要看资金到位率（x_2）和资金的实际使用效率（x_3）。对于土地融资来说，地方政府通过公开方式获取大量土地出让金，其资金有明确的支出范围，但根据审计署的审计结果①，不少城市存在拖欠、减免土地出让金的现象，不少城市存在违规使用土地出让金的事实，还有大量的资金未纳入财政预算管理，其资金利用率低。现阶段地方政府通过融资平台获得大量资金，重点将其投入市政建设、公共事业等建设项目中，融资平台负责统借统还，贷款使用人是具体的市政建设单位，地方政府则有权决定审批具体的建设项目，其资金责任主体模糊，实际资金使用效率较低。目前地方公债采取中央代发、列入地方财政预算管理的做法，资金到位率很高，资金的使用有严格的限制范围，主要用于中央项目的地方配套部分和改善民生项目，资金使用情况接受同级人大监督，资金的使用投向有明确的规定，有严格的监督。中央对地方财政拨款的专项拨款资金主要用于某一具体领域，如各种专项资金等；由国债资金划拨给地方的资金一般有具体的使用范围，其资金利用情况较好。

融资机制规范度（x_4）。地方融资平台是地方政府在应对巨大的融资需求时的一种创举，没有成熟的机制可以借鉴，多数政府投资公司没有负债经营、自我平衡的体系，没有还款保障机制，就融资机制规范程度来讲是三种融资方式中最差的，这是地方融资平台广受批评的地方。土地融资通过招标、拍卖和挂牌公开出让土地使用权而获取资金，较融资平台融资要规范一些，但中国现阶段招、拍、挂制度本身还有一些不完善的地

---

①　审计署公告（二〇〇八年第四号总第二十八号）：《国有土地使用权出让金审计调查结果》，中华人民共和国中央人民政府网站。

方。利用地方公债融资是非常规范的融资方式，特别在现阶段中国以中央代发的方式发行地方债实际上是利用较为成熟的国债发行渠道进行地方债融资，由财政部代发，代为办理还本付息和支付手续费，地方政府实际承担还本付息责任，资金纳入地方预算管理，接受同级人大和债券市场监督。中央对地方的财政拨款是目前中国地方政府常见的融资渠道，地方政府根据自身发展需要向中央申请各种专项资金和财政拨付，这区别于一般的转移支付，需要建立起规范的资金拨付机制，以提高财政资金使用的效率和公平。

融资期限（x_5）指的是融资资金的使用时间限制。土地融资是地方政府一次性获取地方土地使用权转让金，其资金使用没有期限限制。中央对地方的财政拨款成为地方政府的自有资金，归地方政府使用，也是没有资金使用期限限制。而通过融资平台获得的资金一般为中短期贷款资金，资金使用有时间限制。通过地方债筹集的资金一般用于地方基础设施和公共服务建设项目，属于资本性支出，相应地，地方债的期限应以中长期为主。目前中国由中央代发的地方债的期限为3~5年，债券期限有不断延长的趋势。

融资主体自由度（x_6）指融资主体受约束的程度。土地融资获得的资金其支出范围国家有明确的规定，全国土地资源有限，一些地方政府在获取土地时采取的各种不当措施以及滥用土地出让金的情况给土地融资方式带来了大量的负面效应，土地融资带来的负的外部影响等因素使得现实中对土地融资的限制越来越多，土地融资主体自由度越来越小。地方政府通过融资平台融通的资金一般投入基础市政公共建设事业中去，银行对其融资项目有监督，但由于融资平台融资状况很不透明，银行的贷款风险管理手段难以实施，无法形成有效的检查。通过融资平台融入的资金有还款期限的限制，这一点与地方公债融资一样，地方政府通过地方公债融入的资金有明确的资金投向规定，中央明确规定了其资金主要用于中央项目的地方配套部分和民生领域。其收支要经过同级人大的审查监督。

资金清偿能力（x_7）。对于清偿能力来讲，土地融资方式和中央对地方的财政拨款不存在偿还问题，从这个角度看，地方政府土地融资和向中央申请拨款的融资效率是高的。目前地方公债融资由财政部代理发行，代办还本付息，地方政府承担还本付息以及支付手续费资金的实际责任。地方财政需向中央财政足额上缴地方政府债券本息、发行费等资金，对于未按时上缴资金的，中央财政要根据逾期情况计算罚息，在办理中央与地方财政结算时将如数扣缴。资方政府债券资金使用范围主要是中央投资项目中的地方配套部分以及民生领域，地方债资金的偿还有保障。而对于融资平台来讲，地方政府通常会通过融资平台向多家银行尽量多贷款，而贷款操作过程不透明，融资过程不规范，债务信息不公开，融资平台一般负债率相当高，资本金普遍欠缺，偿债能力难保障。

资金使用自由度（x_8）。资金使用自由度指地方政府在使用资金时受到的限制程度。土地融资获得的资金现在要纳入地方政府基金预算管理，对于资金使用国家有明确的指导方向。融资平台一般是为地方市政建设的专项项目筹集资金，资金使用有专向性。对于地方公债资金的使用范围，国家出台了《2009年地方政府债券资金项目安排管理办法》等文件，规定了地方政府债券资金的使用范围，主要是用于中央投资中的地方配套的公益性建设项目和其他难以吸收到社会投资的公益性建设项目等。中央对地方财政拨款后资金成为地方政府自有资金，地方政府在中央政府规定的资金使用范围内自行使用资金进行各专项建设。

根据以上的分析，从反映融资效率的八个指标来看，四种地方政府主要采用的融资方式的融资效率可以概括到表 3-6 中。

表 3-6 不同融资方式的融资效率分析情况

融资方式	融资成本	资金到位率	资金使用率	融资机制规范度	融资期限	融资主体自由度	资金清偿能力	资金使用自由度
土地融资	低	较低	较低	较低	无期限	非常低	不用偿还	较低
融资平台融资	高	高	低	非常低	较短	低	非常低	低
地方债融资	较高	非常高	非常高	非常高	较短	高	高	较高
中央财政拨款	非常低	高	较低	低	无期限	较高	不用偿还	高

从表 3-6 中可以看出，四种融资方式从融资效率的角度看各有其优缺点。通过土地融资地方政府一次性获取地方土地 70 年的出让金收入，只要有土地供给，其融资成本低，获取的资金数额大，资金没有期限限制且不用偿还。但因为土地资源是有限的，而且近年来因为在土地征收、土地融资、土地出让金使用等环节带来的外在负影响使土地融资的融资主体自由度越来越小。融资平台融资使地方政府获得了大量的银行贷款资金，是地方政府融资方式的一种创新，但其融资机制不规范问题突出，资金偿还难有保障，资金利用率较低。目前，地方公债采

用了中央代发代还的融资方式，两年的实践证明其办法可行，其资金到位率、资金使用率高，资金的偿还实际上得到了中央政府的担保，没有偿还风险。融资机制是使用成熟的国债融资渠道，而且目前来看融资成本比较低。中央的财政拨款一般资金到位率高，地方得到资金后没有偿还问题，资金使用没有期限，但目前中央对地方的转移支付制度有待进一步规范，资金的使用效率有待进一步提高。

由此可见，由于各个融资方式各有其优点和不足之处，为了便于综合比较分析，得出确切的结论，需要将各个指标下各种融资方式的融资效率数量化。假设融资效率的取值范围为 0 到 1 之间。融资效率越高，则其对应指标下分值就越大，反之则越小。根据表 3-6 的分析，对每个指标下每个融资方式的融资效率进行评估，其结果如表 3-7 所示。

表 3-7 **不同融资方式融资效率评分表**

融资方式	x_1	x_2	x_3	x_4	x_5	x_6	x_7	x_8
LF	0.8	0.5	0.4	0.4	1	0.2	1	0.4
PF	0.5	0.7	0.3	0.2	0.5	0.3	0.2	0.3
BF	0.6	1	0.9	0.9	0.6	0.8	0.8	0.6
AF	1	0.8	0.4	0.3	1	0.5	1	0.8

在表 3-7 中，根据表 3-6 的分析，融资成本越低，则融资效率越高，即融资成本属于越小越好型数据，因此在表 3-7 中融资成本一栏，融资成本越高，反映在数值上其分值就越小，反过来，融资成本越低，其对应的分值就越高。其余的七个指标则都属于越大越好型数据。反映在表 3-7 中，就是在某个指标

上的融资效率越高，融资方式对应的分值就越高。根据表 3-7 可以对四种融资方式的融资效率进行综合比较分析。

（一）基于主成分分析法的比较分析

由于在表 3-7 中选用的评价指标较多，为有效避免信息重复、遗漏和综合评价中人为主观确定指标权重的不利影响，可以运用主成分分析法。

主成分分析法的基本思路是：在分析指标较多的情况下，采用一些特定的方法将原有的指标综合成少数几个新指标，按一定标准选取的这几个新指标不仅尽可能多地反映原来指标的信息量，而且相互独立，显著差别。这几个新指标称为主成分，然后根据主成分指标进行综合对比分析。其评价方法的优点是消除了原始指标之间的相关性，减少了分析中的指标数量，而且主成分分析在将原始指标组合变换成主成分的同时，形成主成分的权重，客观简洁。

设有 n 个评价对象，m 个评价指标，第 i 个评价对象在 j 指标上的评价表现为 x_{ij}，则有原始矩阵：

$$x=\begin{bmatrix} x_{11},\ x_{12},\ \cdots,\ x_{1m} \\ x_{21},\ x_{22},\ \cdots,\ x_{2m} \\ \cdots\cdots \\ x_{n1},\ x_{n2},\ \cdots,\ x_{nm} \end{bmatrix}$$

其基本分析步骤包括：对原始矩阵 X 进行标准化，得其标准化矩阵 Z；计算相关矩阵 R，进行指标间的相关性判断并求其特征值 λ 和特征向量 a；选取前 i 个主成分命名并构造主成分评价函数，一般是使得前 i 个主成分的方差贡献率达到 85% 以上为判断标准选择主成分，或直接选取对应的特征值大于 1 的前 i

个主成分；计算第 i 个主成分 F_i得分并计算综合评价值。

主成分分析法有很强的可操作性，在 SPSS 等统计软件中可以实现其分析过程。将表 3-7 中的数据代入 SPSS 进行分析可以得到标准化矩阵 Z 和相关系数矩阵 R。

从表 3-8 中可以看出，融资成本与融资期限，资金到位率与融资主体自由度，资金使用率与融资规范度之间存在着极其显著的相关性。融资成本与资金清偿能力，资金使用自由度、资金到位率与融资规范度等变量之间存在着显著的相关性，变量之间相关系数大于 0.3 的占多数，可见变量之间相关性比较强，不同变量之间存在着信息重叠现象，适合进行主成分分析。

表 3-8　　**相关系数矩阵**

	融资成本	资金到位率	资金使用率	融资机制规范度	融资期限	融资主体自由度	资金清偿能力	资金使用自由度
融资成本	1.000	−0.181	−0.222	−0.218	0.929	−0.085	0.814	0.729
资金到位率	−0.181	1.000	0.769	0.670	−0.457	0.968	−0.042	0.542
资金使用率	−0.222	0.769	1.000	0.990	−0.281	0.884	0.260	0.333
融资机制规范度	−0.218	0.670	0.990	1.000	−0.224	0.810	0.312	0.266
融资期限	0.929	−0.457	−0.281	−0.224	1.000	−0.311	0.854	0.472
融资主体自由度	−0.085	0.968	0.884	0.810	−0.311	1.000	0.166	0.597
资金清偿能力	0.814	−0.042	0.260	0.312	0.854	0.166	1.000	0.655
资金使用自由度	0.729	0.542	0.333	0.266	0.472	0.597	0.655	1.000

从表 3-9 中可以看出进行主成分分析时，基本上提取了原

始变量的绝大部分信息，不存在丢失变量的现象。

表 3-9 **初始因子载荷矩阵**[a]

	Component	
	1	2
融资成本	-0. 127	0. 977
资金到位率	0. 920	-0. 129
资金使用率	0. 951	-0. 050
融资机制规范度	0. 899	-0. 029
融资期限	-0. 299	0. 940
融资主体自由度	0. 985	0. 012
资金清偿能力	0. 215	0. 919
资金使用自由度	0. 524	0. 741

Extraction Method: Principal Component Analysis.

a. 2 components extracted.

从表 3-10 中可以看到，前两个变量的特征值大于 1，其累积的方差覆盖率达到 90%以上，因此选取前两个变量进行主成分分析。

表 3-10 **方差分解主成分提取分析表**

Component	Initial Eigenvalues			Extraction Sums of Squared Loadings		
	Total	% of Variance	Cumulative %	Total	% of Variance	Cumulative %
1	3. 956	49. 453	49. 453	3. 956	49. 453	49. 453
2	3. 252	40. 654	90. 107	3. 252	40. 654	90. 107
3	0. 791	9. 893	100. 000			

续表

Component	Initial Eigenvalues			Extraction Sums of Squared Loadings		
	Total	% of Variance	Cumulative %	Total	% of Variance	Cumulative %
4	1.613E-16	2.016E-15	100.000			
5	1.519E-16	1.898E-15	100.000			
6	7.940E-17	9.924E-16	100.000			
7	-1.445E-16	-1.806E-15	100.000			
8	-1.758E-16	-2.197E-15	100.000			

Extraction Method: Principal Component Analysis.

从表3-9中可知，资金到位率（x_2）、资金使用率（x_3）、融资机制规范度（x_4）和融资主体自由度（x_6）四个指标在第一主成分上有较高载荷，说明第一主成分基本上覆盖了这几个指标的大部分信息量，主要反映的是融资主体行为情况，用 F_1 表示。第二主成分则基本上反映了融资成本（x_1）、融资期限（x_5）、资金清偿能力（x_7）和资金使用自由度（x_8）四个指标的大量信息，反映融资资金情况，用 F_2表示。

所以选取这两个主成分进行分析是可以基本反映全部原始指标的信息量的。两个主成分对应的特征值 $\lambda_1 = 3.956$，$\lambda_2 = 3.252$。

对应的特征向量：

$a_1 = (-0.06, 0.46, 0.48, 0.45, -0.15, 0.50, 0.11, 0.26)$

$a_2 = (0.54, -0.07, -0.03, -0.02, 0.52, 0.01, 0.51, 0.41)$

相应地可以得出主成分的表达式：

反映融资主体行为情况的第一主成分 F_1的表达式为

$F_1 = -0.06zx_1 + 0.46zx_2 + 0.48zx_3 + 0.45zx_4 - 0.15zx_5 +$

$$0.50zx_6 + 0.11zx_7 + 0.26zx_8 \quad (3.1)$$

反映融资资金情况的第二主成分 F_2 的表达式为

$$F_2 = 0.54zx_1 - 0.07zx_2 - 0.03zx_3 - 0.02zx_4 + 0.52zx_5 + 0.01zx_6 + 0.51zx_7 + 0.41zx_8 \quad (3.2)$$

将标准化矩阵 Z 中的相对应的数量代入公式（3.1）、（3.2）中去可得到在 F_1 和 F_2 上不同融资方式的融资效率得分情况及相应的排名，见表 3-11。从融资主体行为情况看，AF 一般，LF 和 PF 不相上下，都在这方面的效率较差，PF 稍强于 LF。从融资资金情况看，AF 的效率最高，LF 次之，BF 一般，PF 则效率低下。

表 3-11　　**不同融资方式融资效率主成分综合值**

融资方式	F1	排名	F2	排名	F	排名
LF	−1.497	4	0.822	2	−0.455	3
PF	−1.316	3	−2.199	4	−1.715	4
BF	2.81	1	−0.589	3	1.283	1
AF	0.03	2	1.966	1	0.887	2

以每个主成分的特征值占全部提取的主成分特征值之和的比例作为权重，确定主成分综合系数，则可以得到主成分综合公式 F

$$F = 0.21zx_1 + 0.22zx_2 + 0.25zx_3 + 0.24zx_4 + 0.15zx_5 + 0.28zx_6 + 0.29zx_7 + 0.33zx_8 \quad (3.3)$$

将标准化矩阵 Z 中的相应数值代入式（3.3）中可得各种融资方式的最终得分和排序，见表 3-11。从中可以看出，综合比较来看，四种融资方式中，地方债的综合融资效率最高，中央财政拨款次之，土地融资和融资平台融资的融资效率较差，尤其是平台融资效率低下。

（二）基于熵值法的综合评价

在信息论中，信息熵是对系统不确定性程度的度量。熵值越小，则系统不确定性程度越低，该项指标在综合评价中的作用就越大；反之熵值越大，则系统不确定性程度越高，该项指标的指标值在综合评价中的作用就越小。因此可以根据各项指标的熵值大小，确定各项指标指标值的变异程度，计算出各指标的比重，并进一步进行多指标数值综合评价。

如前一样，设有 n 个评价对象，m 项评价指标，形成原始指标数据矩阵 X，则运用熵值法进行综合评价的步骤包括：将指标值同度量化，计算第 j 项指标下第 i 个对象指标值的比重 p_{ij}；计算各指标的熵值 e_j，并据此确定该指标的变异性系数 d_j；根据该指标的差异性系数确定指标权重 a_j；计算第 i 个评价对象的综合评价值 v_i。

将表 3-7 中的数据进行同度量化，计算各项指标的数值，则得到表 3-12。

表 3-12　　　　**各指标值的比重表**

比重	x_1	x_2	x_3	x_4	x_5	x_6	x_7	x_8
LF	0. 276	0. 167	0. 2	0. 222	0. 323	0. 111	0. 333	0. 19
PF	0. 172	0. 233	0. 15	0. 111	0. 161	0. 167	0. 067	0. 143
BF	0. 207	0. 333	0. 45	0. 5	0. 194	0. 444	0. 267	0. 286
AF	0. 345	0. 267	0. 2	0. 167	0. 323	0. 278	0. 333	0. 381

根据表3-12中的数值，运用熵值法计算各指标的熵值 e_j，差异性系数 d_j，并进一步确定出各指标的权重 a_j，结果如表3-13所示。

表3-13　　**各指标权重表**

权重	x_1	x_2	x_3	x_4	x_5	x_6	x_7	x_8
e_j	0.97	0.98	0.93	0.88	0.97	0.91	0.91	0.95
d_j	0.03	0.02	0.07	0.12	0.03	0.09	0.09	0.05
a_j	0.05	0.04	0.15	0.24	0.06	0.19	0.18	0.10

从中可以看出，融资机制规范度、融资主体自由度、清偿能力和资金使用率四项指标的权重较大，说明不同融资方式在这四项指标上差异较大。这也是造成四种不同融资方式融资效率差异的主要原因。

然后根据 $v_i = \sum_{j=1}^{m} a_j p_{ij}$ 计算出各评价对象的综合评价值，见表3-14。

表3-14　　**融资效率综合评价值**

融资方式	评价值	排名
AF	0.250	2
LF	0.227	3
PF	0.127	4
BF	0.395	1

可见地方债融资是一种规范的融资渠道，其融资效率最高。

中央财政拨款有其优点，但需要建立更为规范的资金转移支付制度。土地融资和融资平台融资效率相对较低，但二者也有其优点，地方政府要继续使用这两种融资方式就必须提高土地融资和平台融资的效率。必须建立完善规范的融资机制，提高融资资金使用效率，切实提高资金的清偿能力。

（三）两种分析结果的比较

综合主成分和熵值法的分析结果可以看出，两种方法计算出的融资效率排名排序相同。即两种方法都得出地方公债融资效率高于土地融资、融资平台融资和中央财政拨款的结论。中央财政拨款的融资效率次之，土地融资和融资平台融资的融资效率较低，尤其是融资平台融资在四种融资方式中是效率最低的，见表 3-15。

表 3-15　**融资效率综合评价值**

融资方式	主成分评价值	排名	熵值法评价值	排名
LF	-0.455	3	0.221	3
PF	-1.715	4	0.134	4
BF	1.283	1	0.379	1
AF	0.887	2	0.265	2

由此可见，地方公债融资是规范的融资渠道，其融资效率较高，应该成为地方政府融资的主渠道，中国应该发展地方公债融资制度和地方公债市场，规范地方政府的融资行为，切实提高地方政府的融资效率。

三、地方公债融资的优越性

地方公债融资与现阶段地方政府其他融资方式相比，具有融资效率上的优势，是一种规范、有效的融资方式和渠道。中国应建立起科学规范的转移支付制度，提高中央财政拨款的融资效率和资金使用效率。土地融资和融资平台融资是目前地方政府使用较为普遍的融资方式，在一些地方是地方政府融资的主渠道，但两者的融资效率较低，有其局限性。国家土地资源有限，加上土地融资过程中的不规范操作和资金使用过程中的问题导致了一系列外部不良影响，这些都导致国家对土地融资的限制越来越强，利用土地融资的空间将会越来越小。融资平台融资是地方政府在应对建设资金短缺时的一种变通，通过融资平台融资是地方政府的创举，但其融资机制不规范，融入的资金其偿还能力难以得到保障，资金使用也存在责任主体不明缺乏有效监管的问题，国家应规范地方融资平台的融资行为，促使其提高融资机制规范度，公开各种信息，接受有效监督，提高资金偿还保障度，促进融资平台规范健康发展。

第三节　发展地方公债的现实必要性

中国现阶段发展地方公债具有现实必要性，发展地方公债有利于改善地方政府的财政支出结构，增强地方政府的财政实力，加快城市基础设施和公共服务建设；有利于缓解中央财政压力，调整政府债务结构，提高债务资金的使用效率；有利于规范地方政府融资行为，提高地方政府融资效率，化解地方债务风险；有利于丰富和发展中国债券市场，为私人和市场提供有效的投资品种。发展地方公债能促进社会中储蓄向投资转变，推动中国经济社会的发展。

（一）发展地方公债可以加快城市基础设施和公共服务项目建设，改善地方财政支出水平与结构

城市基础设施和公共服务项目是城市发展的基础和重要内容，直接制约着经济社会各领域资源配置的效率和水平，是体现地方发展水平的重要内容和表现。良好的基础设施和公共服务水平能降低社会生产成本，提高劳动生产率。不断改进基础设施和公共服务水平是现代中国政府的重要职责。一般来说中央政府只会提供关系国计民生、关乎国家经济命脉的关键性重大公共基础项目，大量的城市基础设施和公共服务项目建设重任落到了地方政府肩上。而根据统计年鉴数据，2003 年上海市人均绿地面积为 6.1 平方米，只相当于伦敦 1990 年水平的 16%，按照联合国推荐的城市基础设施支出占国民生产总值 3%~5%的指标数据，中国城市基础设施建设存在着巨大的资金缺口，需要地方政府加大资金投入。而在现行分税制财政体制下，地方财政是一种“吃饭财政”，难有大量的财政资金投入基础设施和公共服务项目建设中，需要地方政府另寻途径。发行地方公债筹集建设资金则能很好地弥补这一资金缺口。

通过发展地方公债，地方政府可以把筹集到的大量的建设资金投入到城市公共基础建设项目中去，从而促进地方经济社会的发展和当地居民生活水平的提高。同时，通过地方债筹集的资金能增加地方财政支出中基本建设支出和改善民生领域支

出的资金规模和比重，能有效地改善地方财政支出结构，能更好地体现地方政府履行其职能。

（二）发展地方公债可为地方政府提供规范的融资渠道，有效防范和化解地方债务风险

在现行的分税制财政体制下，地方政府没有充足的财政资金来履行自己的职能，在划分中央地方事权财权的基础上，允许地方政府发行地方公债应是进一步完善分税制、深化财税体制改革的重要举措。当前，在相应事权的压力下，地方政府采取了很多不规范的融资渠道和方法进行融资，在促进地方基础建设和经济发展的同时，也给地方财政带来了大量的债务隐患，地方政府性债务规模大，结构分散，隐蔽性强，违约率高，缺乏统一有效监管，债务情况复杂，形势发展严峻，是中国财政运行和整个经济发展的巨大隐患。发展地方公债则为地方政府提供了一个正式正规的融资渠道，通过建立地方公债制度，发展地方公债市场，可以将地方发债的规模、资金的使用情况等公开化，纳入国家正式监管范围，接受债务人和市场的监督约束。这有利于提高地方融资的规范度，提高融资资金的使用效率。通过开地方公债融资这一规范的融资渠道去逐步替代当前地方政府的一些非正规正式融资渠道和行为，可以有效防范和逐步化解地方政府的债务风险。

（三）发展地方公债有利于减轻中央财政负担，提高财政资金使用效率

随着中国分税制财政体制的建立和完善，中央与地方在划分事权的基础上，划分了中央与地方政府的财政支出范围，分税制改革规范了中央地方财政分配关系，提高了国家财政收入，强化了中央财政的调控能力，但地方财政预算收入明显下降。地方财力有限，在面临经济波动的情形下，中央财政都会采取扩张性政策措施来刺激经济，减轻经济波动程度，实现经济平稳快速发展。在经历了中央财政连续多年的赤字扩张以后，中央财政的债务依存度不断上升，中央政府作为负债主体已经不堪重负。为了帮助地方政府更好地履行其职能，共同对抗经济波动，中央政府近年来采取了国债资金转贷地方的方法从发行国债筹集的资金转拨一部分给地方政府使用，具体形式分为两大类：一是国债资金无偿划拨给地方政府，相当于中央财政的转移支付；二是国债资金转贷地方，地方政府需要对获得的国债转贷资金承担还本付息责任，从名义上看地方政府成为了责任主体，但由于中央政府是发债主体，债务风险最终还是要由中央政府承担。而且国债转贷地方的资金由于责权不一致导致资金使用过程中产生了不少的问题，资金使用效率低。发展地方公债则有利于减轻中央财政的压力，发债资金的责权一致，提高债务资金的使用效率。

（四）发展地方公债有利于推动中国投融资体制改革，推进中国资本市场发展

发展地方公债有利于推动中国投融资体制改革，提高资金的融资效率和使用效率。地方政府通过发债筹集建设资金投入到当地的公共基础性建设项目中去。项目的实施由地方政府决策，由地方政府承担融资责任和使用风险，这样有利于减少融资和资金使用过程中的各种不必要的环节，提高债务资金配置效率。

发展地方公债也是中国资本市场进一步发展的需要。地方公债是国家公债体系的组成部分，地方公债市场是国家债券，特别是债券市场的重要组成部分，缺少这一部分，中国债券市场的发展是不完善的。在发达国家的债券市场结构中，地方公债都占有很大的比重。发展地方公债市场，发行地方公债，有利于丰富和发展中国债券市场，为私人和市场提供有效的投资品种，满足居民和机构投资者的投资需求，促进社会中储蓄向投资转变，推动社会经济的发展。中国金融体系和资本市场的不完善，突出表现在几乎不存在市政债券或机制债券市场。从完善中国金融体系和货币政策传导机制出发，应该逐步培育市政债券市场。

目前中国股市有了发展，但投资于股市、基金市场、企业债券市场，具有风险难以规避、波动幅度过大的现实，居民很难放心地将大量资金投放到股市。在目前缺乏有效投资渠道的情况下，中国目前居民储蓄存款数量巨大，不少居民把购买收益稳定、风险极小的国债作为理想的投资方式，再加上各大银行、社保基金、保险基金等机构投资者手中握有大量闲置资金需要实现资产的保值增值，需要获取更多的投资组合来尽可能地降低风险并获得稳定的投资回报。地方公债作为一种政府公债，具有风险小、收益稳定的特点，容易受到广大居民和机构投资者的欢迎。而且从宏观经济运行角度讲，居民和机构投资者投资于地方公债，促进经济社会发展，有利于社会将闲置资金利用起来发展生产，能有效实现储蓄向投资的转化。

第四节 本 章 小 结

地方公债是以地方政府信用为担保的债券，通过地方公债筹集的资金一般是投向地方基础设施和公共服务建设项目，地方公债融资与现阶段地方政府常用的融资方式相比具有更高的融资效率。发展地方公债市场，建立地方公债融资制度有利于增加地方政府在地方基础建设方面的资金支出规模，改善地方政府的财政支出结构；有利于增强地方政府的财政实力，增加地方政府的基本建设资金，促进地方政府更好地履行其各项职能。

地方政府发展地方公债可以筹集财政资金加快地方城市基础设施和公共服务建设，促进地方经济社会发展的需要，发行地方公债有利于缓解中央财政压力，调整政府债务结构，提高债务资金的使用效率。发展地方公债也是规范地方政府融资行为，提高地方政府融资效率，化解地方债务风险的有效途径。发展地方公债市场，发行地方公债，有利于丰富和发展中国债券市场，为私人和市场提供有效的投资品种，满足居民和机构投资者的投资需求，促进社会中储蓄向投资转变，推动社会经济的发展。

第四章 中国发展地方公债的市场基础

第一节 地方公债发展的需求-供给分析框架

需求-供给分析是现代经济学常用的分析手段和分析框架，需求和供给是市场分析的两个基本面。在地方公债发展的需求-供给分析框架中，需要分析对地方公债而言，吸引投资者投资于地方公债需要具备什么样的条件，供给者的供给意愿和能力条件以及影响供给者供应地方公债的一系列因素。

地方公债作为一种规范的融资渠道有其优越性。中国现阶段建立地方公债制度，发展地方公债有其必要性和可行性。从市场基础条件来看，中国基本上具备了开放地方公债市场的基础条件，这可从地方公债市场的供给、需求两方面进行分析。同时，在介绍一般意义上的债券市场基础上，可以对比中国市场的现实情况，找出中国进一步发展地方公债市场需要着力完善的地方。

按照一般的市场分析理论，在参照一些发展时间较长，较为成熟的债券市场的基础上，关于地方公债市场的需求-供给分析框架可总结归纳如表 4-1 所示。

表 4-1　　**地方公债发展的需求-供给分析框架**

需求/供给	市场基础条件	市场主要表现
地方公债的需求：需求吸引	投资者的认知及信心	成熟的投资品、稳定的发行经历、完善的债券市场
	投资自由	对债券的有效需求，无政府控制
	可观的投资回报	有合适的投资收益
	可自由交易投资品	活跃的二级市场
	可靠的信用品质	公债的还本付息保证
	风险知晓、信息披露	公开的会计、审计制度等，定期信息披露
	专业的投资服务	中介服务机构齐全
地方公债的供给：发行引致	发行动力及条件	债券特征，有效供给
	可承受的融资成本	利率和发行费用可接受
	长期债务摊销	债务可延期
	对发行者的支持帮助	债券银行等服务机构
	便利的正式监督	规范高效的审查监督程序等

注：此表参考了 Leigland（1997），并作了修改。

在发展地方公债的分析框架中，很难明确得出结论是地方公债的需求决定了供给，还是地方公债的供给决定了需求。地方公债市场的发展，一是地方公债作为一种投资品、一种债券出现，有对其的投资需求和相应的供给行为。二是一种制度的建立和出现，即地方公债制度的出现，有对地方公债制度的需求和供给的分析，也可以运用制度经济学理论从这一层面进行分析，这一点对现阶段的中国有现实意义。在现阶段分析中国地方公债市场的发展，不能回避的一个问题就是地方公债制度的建立发展或者说供给需求问题，但也可以这样认为，当地方公债作为一种债券投资品的市场成熟时，相对应的地方公债制度也就应该自然建立起来了，基于这样的考虑，本书主要用对地方债券的供给和需求大框架来分析中国地方公债市场发展问题，将地方公债制度的需求供给问题包含在具体的分析内容中。在制度的变迁过程中有时也很难明确区分开制度的供给者和制度的需求者两种不同的角色，制度供给者对该制度也存在需求①。对于一个相对集权且市场经济还在不断发展的国家来讲，常见的就是供给主导型的制度变迁过程，在一定的秩序和规范下，权力中心提供新的制度安排的能力和愿望需求将决定主导制度的实际变迁过程。在中国现阶段，政府将在决定地方公债制度的形式、进程等环节中起关键作用。因此可以从地方公债制度供给的意义、作用及条件等角度来分析中国的地方公债市场的发展问题。

第二节　地方公债发展的需求层面分析

一、投资者的认知及信心

从投资者对投资品的认知和信心角度来看，投资者对某一投资产品越熟悉，越有信心，则投资的可能性就越大，陌生的

① 岳锋，王智慧，周国新．制度均衡与制度非均衡［J］．天府新论，2005，6：71-74.

产品很难使投资者下决心去投资，因此，从这一角度来讲，需要有成熟的投资产品，有长期稳定的发行发展经历，以及有与之相配套的完善的债券市场来吸引投资者，使投资者了解投资品的基本情况、发展历程以及相关的投资操作的基本流程等，从而产生投资需求。

中国在新中国成立初期就曾发行过地方公债，如1950年东北人民政府发行的“东北生产建设折实公债”以及当时50年代末60年代初部分地方政府发行的“地方经济建设公债”，并从1981年开始发行国债，至今已有30多年的发展经历，在公债管理方面积累了丰富的实践经验。1994年以来，中国在国债发行流通环节进行了一系列的市场化改革，特别是20世纪末亚洲金融危机爆发以后，中国政府进一步加强了政府债务管理，强化了财政部统一管理国债的职能，加上金融债券和企业债券的发行和运作实践，中国在债券的品种结构期限设计，利率设计与管理，债券发行交易等方面都积累了丰富的经验，这些为地方公债的发行发展奠定了坚实的基础。国债作为一种成熟的债券投资产品一直受到投资者的抢购，地方公债作为一种“银边债券”，收益稳定，风险小，是市场中债券体系的重要组成部分，是介于国债和企业债之间的一种债券品种，也容易被投资者所接受。特别是地方公债有地域性较强的特点，一般是地方政府针对当地公共基础设施和服务建设项目的需要进行融资的，所筹集的资金一般会用于本地区的公共建设支出，与当时居民的切身利益息息相关，容易得到当地投资者的响应。其实，通过发行地方公债来筹集地方建设资金，推进地方经济社会发展的做法在世界上已经非常普遍了，在许多发达的国家和地区都建立起了地方融资体系，地方公债成为国家经济部门借入债务的重要方式，地方公债的运作都积累了许多可以借鉴的经验和教训，现在，许多新兴国家都在大力发展本国的地方公债市场，通过地方债融资来推动地方公共建设。

在美国，地方性基础设施的改善，主要靠的就是州和地方政府发行的地方公债和财政投资。在日本，通过地方公债筹集的建设资金广泛应用于交通、通信、教育和污水处理等地方公共设施建设之中。在中国，虽然1995年《预算法》明确规定除了法律和国务院另有规定外，地方政府不得发行地方政府债券，但在地方一直存在地方公债的发行实践，如1997年广州市地铁总公司就发行了广州地铁建设债券，广州市政府负责偿还债券本息，1999年上海市城市建设投资开发总公司发行了5亿元浦东建设债券，债券筹集的资金被用于上海地铁二号线一期工程，这些在很大程度上已经是真正意义上的地方公债了。

在应对亚洲金融危机背景下，1998年中央财政发行的1000亿元专项国债资金中有500亿元转贷给地方，1999年中央财政又安排了300亿国债主要转贷地方，这些资金在实质上已经接近地方公债了。2009年中国中央政府在应对国际金融危机的大背景下，采取了中央代发地方债的形式，发行了2000亿元的地方公债，期限为3年。2010年继续发行了2000亿元的地方公债，期限3—5年。2011年根据中央预算安排继续这种地方公债的发行。

可以说，发展地方公债市场，通过发行地方公债来筹集地方建设资金是发展趋势所在，中国投资者对地方公债并不陌生，地方公债发展的市场条件和环境已经成熟。中国的债券市场不断发展，1990年以来，债券市场规模不断扩大，债券发行和经营机构和交易网络环境日趋完善，债券品种期限、利率与结构等进一步多样化，一级市场和二级市场不断发展，并且国家先后颁布了《企业债券管理条例》、《中华人民共和国国库债券条例》和《禁止证券欺诈行为暂行条例》等法律法规，初步形成了完善的债券市场运行监管制度与法律体系，债券市场不断完善。在债券交易网络和交易规则等方面培养了一批精通债券发行与流通业务的专业人员。

随着金融和债券市场的发展，中国的投资银行、信用评级机构、会计审计机构等中介服务机构也有很大发展，能在公债的发行、承销、评级、转让等环节为投资者提供服务，并对债券发行主体进行约束和监督。

二、投资自由

投资自由指投资者存在对地方债券的有效需求，能够自由投资于债券而没有受到政府的投资控制。

改革开放以后，由于中国推行了医疗、教育、住房等一系列体制改革，居民对未来支出的预期增强，导致了很多居民减少了现期消费，而把收入的一部分储蓄起来，以应对将来的大额支出，大量的储蓄资金需要寻找合适的投资途径来实现保值增值。目前中国股市有了发展，但投资于股市、基金市场、企业债券市场，具有风险难以规避、波动幅度过大的现实，居民很难放心地将大量资金投放到股市，在目前缺乏有效投资渠道情况下，中国目前居民储蓄存款数量巨大，2003 年达 11 万亿元之多，平均储蓄水平达到 40%左右，是世界上储蓄率最高的国家之一。不少居民把购买收益稳定、风险极小的国债作为理想的投资方式，近些年来，国债发行时发生的抢购现象说明了这种情况。这些说明目前中国居民不是没有投资愿望和投资能力，而是缺乏有效的投资渠道去投资，再加上各大银行、社保基金、保险基金等机构投资者手中握有大量闲置资金需要实现资产的保值增值，需要获取更多的投资组合来尽可能地降低风险并获得稳定的投资回报。而地方公债作为一种政府公债，具有风险小、收益稳定的特点，其信用略低于国债，但高于企业债券，是一种“银边债券”，容易受到广大居民和机构投资者的欢迎。只要政府合理设计地方债的期限、利率结构，采取措施确保其信用和资金投向，逐步扩大发行规模，稳定推进地方债的发展，私人和机构投资者都会大量投资于地方债。而且从宏观经济运行角度讲，居民和机构投资者投资于地方公债，促进经济社会发展，有利于社会将闲置资金利用起来发展生产，能有效实现储蓄向投资的转化。

2009 年和 2010 年中国政府尝试以中央代发的方式顺利发行了总计 4000 亿元的地方债，进行了地方债的发行尝试，据中央预算计划今年将继续发行这种地方债。目前市场反映的情况是债券一级市场认购没有问题，二级市场流通情况需要加强。二级市场流通情况不足主要是因为地方债市场利率偏低、发行规模偏小、地方债的信用保证等因素，这说明地方债的发行容易被私人和机构投资者接受，流通环节需要进一步的发展。

中国在新中国成立初期曾发行过地方公债，如“东北生产建设折实公债”、“地方经济建设公债”等，后来国家出于地方政府自我约束不够、财力不强的考虑，恢复发行国债。在 1995 年的《预算法》中明确规定，除法律和国务院另有规定外，地方政府不得发行地方公债，在一般意义上禁止了地方政府发行地方公债的行为，地方债券市场也没有任何的发展。其实，经济社会发展到现阶段，允许地方政府发行地方公债、进行地方公债市场探索是适应我国经济社会发展和经济体制改革的需要，是现实情况发展的一种趋势。

允许地方政府发行地方公债是加快城市基础设施和公共服务建设、促进地方经济社会发展的需要。城市基础设施和大型公共服务建设项目建设周期长，收益回收期长，投入的建设资金数量大，私人经济一般不会介入，需要中央和地方的财政投入，特别是地方财政资金的投入。而近些年来，地方预算内财力不足，需要扩大融资渠道去筹集建设资金，地方公债融资则是一种规范理想的融资渠道，用发债的资金来支持地方资本性支出项目，有利于地方经济社会发展，符合经济公平和效率的需求，是一种不错的选择。

发行地方公债也有利于缓解中央财政压力，调整债务结构，提高债务资金的使用效率。目前，中国需要政府支出保持一定规模和结构来维持经济增长和结构调整的需求，特别是一些存在外部冲击如自然灾害、世界性经济波动等的年份，更需要政府出台经济刺激计划，此外还有日益重要的环境、气候、自然资源保护等问题都需要政府的财政支出；而另一方面，连续多年的赤字扩张，单纯地只依靠国债发行的做法，已经使中央财政的债务负担过重，中央财政作为直接负债主体已经不堪重负。1998 年以来的几年内，国家都从国债资金中拿出一部分转贷地方来支持地方的公共工程和基础设施建设，但由于债务主体和资金使用主体不一致导致了权责不对称、风险约束机制缺乏的问题，资金使用效率和偿还难保障。发行地方公债则有利于这一局面的改善，发行地方公债有利于改善国家债务规模结构问题，减轻中央财政负担，提高债务资金的使用效率。

允许发行地方公债也是提高地方政府融资效率，规范地方政府融资行为，化解地方债务风险的有效途径。在中国，分税制改革以后，地方政府面对的是事权与财权不对称的问题，一方面，地方政府要提供地方公共产品和服务推动地方经济社会发展，另一方面，地方财政收入占全部财政收入的比重却不高，与地方支出不平衡。这样一来，地方政府尝试了各种融资渠道去获取所需的建设资金，有很多融资行为不规范，导致出现了一系列经济社会问题，留下了大量的财政债务，地方财政各种隐性债务、或有债务等数额巨大，增加了地方乃至整个国家的债务风险。据审计署审计结果，目前地方政府各种融资债务超过 10 万亿元，而且资金使用效率也不高，处于一种半失控的状态。发行地方公债则有利于这方面问题的解决，地方公债是规范的融资工具，通过地方公债融资可以规范地方政府融资行为，提高地方政府融资效率，减少地方政府不规范的筹资活动。发行地方公债也是中国资本市场进一步发展的需要，地方公债是国家公债体系的组成部分，地方公债市场是国家债券，特别是债券市场的重要组成部分，缺少这一部分，中国债券市场的发展是不完善的。在发达国家的债券市场结构中，地方公债都占有很大的比重。发展地方公债市场，发行地方公债，有利于丰富和发展中国债券市场，为私人和市场提供有效的投资品种，满足居民和机构投资者的投资需求，促进社会中储蓄向投资转变，推进社会经济的发展。

中国现阶段基本上具备了发行地方公债的基础条件，随着中国经济持续多年的快速增长，政府财政收入不断增加，宏观经济环境稳定。虽然中央财政债务负担率偏高，但从整个国家债务比例来看，则还处于较低的水平，整个国家的应债能力强，应债空间大，这其中，地方公债的发债空间较大。而且从近几年中国经济发展的具体情况来看，市场利率水平不断降低，这有利于地方公债低成本地发行和筹集建设资金。而中国广大居民巨大的储蓄资金需要除国债外，如国债一样收益稳定、信用有保障、风险小的投资品种去投资，实现资金的保值增值；各大商业银行、基金等机构投资者也需地方公债来进行投资组合，降低投资风险，提高投资收益。而且国家现在有多年国债和企业债发行管理经验，制定了一系列的法律条规，规范了各类债券市场投资行为，各类投资中介机构不断发展完善，可以为投资者提供专业服务，对债券发行者形成监督。所以，发行地方公债有现实的必要性和可行性。

三、可观的投资回报

投资者进行投资是为了获得投资回报，债券的发行利率与其信用级别成反比。地方公债是地方政府作为发行主体的政府债券，以地方政府信用为基础发行，是以地方财政作为担保，以地方财政收入或特定建设项目的收益作为还债资金来源的债券。相对于国债来讲，其信用级别稍差一点，但又高于企业债券，地方公债与企业债券相比，具有收益稳定、安全性较高、风险较小的特点，是一种“银边债券”。因此，地方公债的利率水平应低于企业债券而略高于国债。同时，因为地方公债一般是为地方基础设施和公共服务建设项目融资，为了利于地方公债的发行，政府一般会在地方债券的发行利率和税收政策方面给予优惠政策，地方债券的利息收入一般是免征利息所得税的。

2009 年以来，中央政府以中央代发的方式发行了地方公债，采用的是市场化招标方式发行，其发行利率取决于债券市场整体利率水平。2009年发行的3年期地方公债的利率与同期记账式国债二级市场上的收益率基本上持平。这一偏低的利率水平是与其中央代发的方式相关，在财政部代理发行、代办还本付息的发行方式下，地方债的信用几乎等同于国债的信用；另外，也与地方债发行数量、发行方式相关，也与发行时债券市场的整体利率水平相关。偏低的利率水平导致在二级市场上地方债券成交数量少，但在债券一级市场上，地方公债的发行非常顺利，各大商业银行、基金组织大量持有地方债券，利用其收益稳定、风险小的特点进行投资资产组合。

四、可自由交易投资品

投资者自由交易投资品需要有活跃的二级市场。在二级市场上，投资者可以自由买卖投资品，可以在债券到期前就卖掉投资品，从而可以避免被锁定在他们不需要的投资上。二级市场涉及投资品定价、税法、交易流程机制等，联系着买者和卖者。地方公债二级市场的发展一般是建立在国债、股票市场二级市场发展的基础上的，经过中国国债二级市场和股票二级市场的长期发展，投资者熟悉了二级市场上投资的基本操作程序和过程，管理部门积累了在债券发行期限、利率结构等方面丰富的经验，培养了大批专业技术人员和中介组织，为地方公债二级市场发展打下了坚实的基础，地方公债在二级市场上可实现自由交易。

五、可靠的信用品质

债券的信用品质体现在债券还本付息的保障能力上。从地方公债的种类来看，一般地，地方公债有以地方政府税收能力为担保，以财政收入为还债来源的一般责任债券和以特定公共建设项目的收益作为还债资金来源的收入债券两种，国债以国家信用为担保。地方债以地方政府信用为担保。当前中国经济持续快速增长，政府财政收入不断增长，这有利于保障政府债券的还款能力。特别是沿海一些经济发展水平较高的省份和大城市等，经济实力强，政府信用高，发行的地方公债信用级别较高，债券的信用有保障。特别是地方公债发行筹集的资金一般用于地方基础设施和公共服务建设项目上，资金投向和使用具有生产性，这有助于促进地方经济社会发展，提高地方政府财政实力和还债能力，一些公用服务项目可以产生收益，更可以保证其债券的还本付息能力。2009 年以来，地方公债以中央代发方式发行，在财政部代理发行、代办还本付息的方式下，地方债券的信用基本上等同于国债的信用。

当前对地方政府发行地方公债质疑的重要一点即为地方政府的财务信息不公开，预算软约束问题。地方财政信息不透明，债券资金信息不公开，地方政府存在软的预算约束，则会导致地方政府乱发滥用地方公债资金，财务风险加大，地方债还债无保障，资金使用效率低。这需要中国不断推进财税体制改革以及相关的政治经济改革来不断改善地方财政运行情况，单就地方公债而言，要克服这一点带来的不利影响，需要中央政府加强对地方公债发行和流通环节的监管力度，要建立制度以明确地方公债专项资金投向和使用范围，强化对地方公债专项资金的预算管理，同时加强对地方公债的专项监督检查。

2009年，中央代发的地方公债发行以后，国家相继制定了《2009年地方政府债券预算管理办法》、《财政部代理发行地方政府债券总预算会计核算办法》、《2009年地方政府债券资金项目安排管理办法》等文件，明确规定地方公债资金使用情况列入本级政府财政预算，接受同级人大审批，自觉接受纪检监察部门、审计部门的监督检查，实行项目管理，提高了资金管理的科学化、精细化水平。文件同时明确规定了地方债券资金主要用于安排中央投资中的地方配套建设项目以及其他难以吸收社会投资的公益性建设项目，严禁将债券资金用于地方经常性支出和楼堂馆所建设项目，规范了地方债券资金项目安排管理，提高了资金使用效率。与此同时，中国应在现有发展水平上，进一步大力发展信用评级机构、会计审计机构等中介服务机构，强化社会监督环节，在公债的发行、流通等环节为投资者提供服务，对债券发行主体进行约束和监督。

六、风险知晓、信息披露

债券市场中的投资者需要获取投资资金的使用情况和过程的相关信息，以决定自己的投资行为，这就要求建立公开的会计审计制度和财务报告制度，及时披露投资资金的相关信息来接受监督。中国在多年国债、企业债和金融债发行流通管理的基础上积累了丰富的债券市场监管经验，中国资本市场中的投资银行、信用评级机构等中介机构都已经有了较大的发展，能对地方债券的发行主体进行一定的约束和监督。2009年，为加强对中央代发地方债的监管，中央明确规定地方公债资金列入地方财政预算管理，接受同级人大的监督。与此同时中国应大力发展会计、审计等中介服务机构使之为地方债的发行、流通、转让承销等提供服务并对发债主体进行有效的约束和监督。

七、专业的投资服务

在成熟的债券市场中，投资基金、信用评级机构等中介服务机构非常重要，这些机构能在投资者作投资决定时提供专业服务，特别在投资者面对未来不确定的投资项目时，尤其需要中介机构的帮助。投资基金在债券市场中很重要，它们一般能购买大量承销的债券，债券发行者因此可以直接与投资基金对接，以便利债券发行，降低发行成本。随着中国国债、股票等市场的发展和证券交易网络不断完善，中国的投资银行、信用评级机构、会计审计机构等都有较大的发展，可以在债券的发行、流转等环节为投资者提供相应服务，同时可对债券发行主体形成一定的约束和监督。

中国地方公债市场的不断发展，势必要求进一步大力发展市场中介机构，以便为地方债券的投资者提供全方位的投资服务，并对地方债券的发行主体形成强有力的约束和监督。

第三节　地方公债发展的供给层面分析

一、发行动力及条件

投资品有自己的功能特征及发行条件，投资者有发行的动力并满足发行条件才会形成有效供给，提供投资品。

地方公债是地方政府根据本地区经济社会发展情况，向社会公众发行的一种债券，它以地方政府的信用为担保，信用级别较高，具有风险小、收益稳定的特点，是一种“银边债券”。地方公债具有很强的地域性，不同地区发行的地方公债在信用、流通等方面会存在很大差别，同时地方公债具有运用灵活、针对性强的特点。地方公债是地方政府针对本地区经济社会发展的实际情况，或针对特定的公共建设项目而发行的债券，资金使用有明确的范围，地方公债的资金使用具有生产性，地方政府通过发行地方债券筹集的资金一般是用于本地区的公共建设项目，这有利于地方政府履行职能。促进本地区经济社会发展和居民生活水平的提高，项目产生的收益可用来偿还债券本息。

在分税制改革以后，中国地方政府承担了大量的事权，但没有相应的财力与之相匹配，保证其充分履行职能。为此，地方政府急需一种规范可靠的融资渠道来筹集建设资金，而发行地方公债是理想的选择。当前中国经济社会发展稳定，政府有发债的空间。地方政府在分税制改革以后，有独立的事权和财政核算。一些地方省份和大城市经济实力较强，具有发行地方债的条件和信用。虽然地方政府存在预算软约束问题，但针对地方公债，中央可颁布文件明确其预算程序，规定其专款专用，加强监督、检查，形成奖惩激励机制等，这样可以有效克服一般意义上的地方政府的软约束问题，提高地方公债的使用效率。目前，中国市场利率水平偏低，这也有利于地方政府低成本发行地方债。

二、可承受的融资成本

地方公债的融资成本包括利率和发行成本，债券的利率与债券信用级别相对应，如果债券的信用品质受怀疑，则投资者会要求较高的利率水平来对抗信用风险，债券利率还受债券市场的整体利率水平高低的影响。常见的发行费用有发行手续费等。在地方债的发行中，采用承销商承销的方式发行有利于减少发行成本，提高发行效率。

2009 年和 2010 年中国采用中央代发的方式发行了地方债，发行依托国债甲类承销商采用市场化招标方式发行，实际上是运用成熟的国债发行渠道来发行地方公债。由于是中央代发代还，具体由财政部代发并代为办理债券到期的还本付息，地方债的信用几乎等同于国债的信用，由此地方公债的市场利率与同期记账式国债二级市场收益基本持平，略高于同期国债收益率，这些都有利于地方公债以较低的成本筹集资金，提高地方公债的发行效率。

三、长期债务摊销

债券的期限结构是债券发行者要关注的问题。如果地方公债的期限较长，债券发行者可以将地方公用设施建设成本摊销到较长的建设周期年份内，这样可以减轻每年的债券支出成本。地方公用设施建设项目一般属于较长的资本支出项目，一般建设周期长，受益年限长，投入资金数量大。按照谁受益谁支出的原则发行长期债券则有利于将成本与支出摊销到以后较长的年份内，这样的做法符合效率与公平的要求。

中国2009年发行的地方公债为3年期，主要用于中央项目的地方配套建设资金，基本上与本届政府任期时间相一致。2010年发行的地方债中有部分变为5年期，随着地方公债制度的不断发展和地方债资金建设的不同，地方公债应该有不同的期限结构，其中应有期限较长的地方公债品种。

四、对发行者的支持援助

对发行者特别是对中小发行者的支持援助有利于各级各类地方债券的顺利发行，小的发行者在债券发行中需要发行渠道、债券银行、债券发展基金等的援助。

中国的各个省份和大城市的经济实力大不相同，如果按照市场规则自由发行地方公债，一般经济发达、资金实力雄厚的省份和大城市的地方公债容易发行，而一些欠发达的省份的地方公债将发行困难，市场需要的债券发行利率将偏高。为避免出现这种情况，应由财政部统一规划，根据中央项目需要的地方配套资金数量，以及各地方的债券承载能力确定具体发行数额，并以统一的债券利率水平发行，适当向中西部倾斜。这样的做法实际上是运用国债成熟的发行渠道发行地方公债，而且避免了各地方因自身经济实力不同而产生的债券发行数量、利率不一致的问题，对中西部地区有一定的扶持作用。

五、便利的正式监督

对债券发行流通等各环节的监督在美国等发达债券市场中

是通过债券发行者自我管理、约束来有效实现。在美国债券市场中，债券发行者公开债券信息，让债券买者和卖者自由确定债券交易事宜，以实现债券市场的稳定发展。

在新兴国家中，一般政府会承担债券市场的发展和监督任务。由于债券市场发展不充分，一方面要采取措施，制定政策来促进地方债券市场的发展；另一方面，要对地方债券市场的发展进行监督。

在中国中央代发的地方公债要接受同级人代会的审批和监督。资金使用有明确的规定范围，资金使用情况列入本级地方政府的财政预算，债券的二级市场主要体现在银行间债券市场交易上。信用评级机构等中介机构还有待进一步发展，以增强其对地方公债的服务、监督作用。中国现阶段地方公债的监督主要由政府部门来执行，政府一方面要制定政策来促进公债市场的发展，另一方面又要监督地方公债市场的健康发展。这些是中国地方公债市场需要进一步发展完善的地方，从更远的角度看，需要地方政府增强预算约束，规范其融资行为，改善其财务状况和信用级别，以实现自行发行地方债的目标。

第四节　本章小结

通过对中国地方公债发展的需求、供给两层面的分析可以看出，经过国债发行的实践以及股票证券市场的发展，中国初步具备了发展地方公债市场的一般条件。广大居民和各种机构投资者希望看到合适的债券投资品来投资，以实现暂时闲置的大量资金的保值增值，从而分散投资风险，获得投资收益。地方政府希望通过发行地方公债来筹集公共建设投资资金，促进地方公共事业、基础设施等的建设，更好地履行其职能。中国现阶段债券二级市场有一定的发展，银行间债券交易市场和证券交易市场日益活跃，能为地方公债的发行、流通等提供场所和技术条件。中国现阶段审计机构、投资银行等中介服务机构也有一定的发展，能为投资者提供相应的帮助。

但现阶段中国地方政府普遍存在预算软约束的问题，中国各地方经济社会发展也较为不平衡，发行地方公债后其信用是否有保障，投资者的利益是否得到保障，发行地方公债是否会引起新的地区间不平衡，投资风险较大会不会导致较高的发行成本，这些是地方债在发行时必须考虑的问题。为此，在不违背《预算法》的相关规定外，中国政府近年来采用了中央代发的方式实现了地方公债发行的突破。中央代发地方债实际上使用了国债较为成熟的发行流通渠道和做法，并由中央根据资金需求情况和政策导向合理确定了各地区的发行金额，采用市场化招标方式确定统一的利率水平，用中央信用担保了各地方公债信用，增强了地方公债的信用度，避免出现各地方公债之间信用及利率差异等，并相应出台了相关资金使用规定，资金预算监督规定等文件，为地方公债的顺利发行和流通创造了相应的条件，有效弥补了地方公债市场发展方面的不足，中央代发的地方债得以顺利发行。

目前，中国连续发行了几年的地方公债，根据中央预算，2011 年还有相应的中央代发的地方债出现。中央代发的方式增强了地方债的信用等级，弥补了地方债发行主体的自身不足，对利息的税收减免等使得地方债发行条件大大改善，降低了地方债的发行成本，也造成了目前地方公债利率偏低的现象。而且现阶段地方公债及其市场建设还处于起步阶段，地方公债发行的时间不长，数量较少，种类单一，期限结构以短期为主，主要是三年期，2010 年部分公债实现了五年期限。中国的地方公债的信息披露机制和财务报告制度有待增强，公债资金建设项目面向投资者的信息透明度不够，二级市场上私人投资者数量较少，流动性不足，地方债二级市场还需要进一步的发展。

第五章　中国发展地方公债的实践尝试

第一节　新中国成立初期地方公债发行实践

新中国成立初期，国家施行的是高度集中、统收统支的财政体制，财政收支统一由中央政府决定，地方政府没有财政治理权。东北地区解放后，面临着恢复经济建设的重任，但当时东北地区财政收入不足以支持当地大规模经济建设的投入。为了筹集建设资金，支持东北地区经济恢复和发展，经中央政府批准，东北人民政府于 1950 年发行了东北生产建设折实公债。根据当时颁布的《一九五零年东北生产建设折实公债条例》，公债以实物为计算标准，计量单位为分，共计划推销发行 3000 万分公债。根据当时《人民日报》的报道，公债分上、下两期发行，当地民众包括职工、公教人员、农民等积极认购建设公债，实际发行额度超过了计划数，折实公债得以顺利发行，在较短时间内为东北经济建设筹集了大量资金，东北经济得以快速恢复和发展，这也有力地支持了全国经济的恢复和发展。

1953 年以后，中国开始进入大规模经济建设时期。一五期间，为弥补经济建设资金不足问题，发行地方公债问题被提上了议事日程。1958 年中央正式颁布了《中华人民共和国地方经济建设公债条例》，该《条例》明确规定各省、自治区、直辖市在认为必要的时候可以发行地方经济建设公债，并为地方公债的发行制定了基本管理制度。在该条例颁布实施之后，黑龙江、福建、江西和安徽等省份相继发行了地方经济建设公债。公债发行主要为地方经济建设筹集资金，但在当时“大跃进”时代背景下，受经济发展中的“浮夸风”等因素影响，地方公债发行过程中出现了债务资金使用效率低下等问题，中央政府随后对财政体制进行了改革，加强了中央财政管理，地方政府债券发行随即基本结束。

新中国成立初期的地方公债发行实践是在当时计划经济条件下以筹集地方建设资金为目标的，其发行方式、利率确定和债券本息偿还等都具有计划经济色彩，是与当时财政体制紧密联系的财政收支活动。地方公债发行实践开启了新中国地方公债发展的历史，其公债发行实践和制定的地方公债管理条例为地方公债后续发展提供了有益的借鉴。

第二节　分税制改革以来中国城投债发展探索

一、中国城投债发展的背景及原因

1994 年中国政府进行了分税制改革，其核心是在划分中央与地方事权基础上划分中央与地方的财权。这次改革把更多的事权下放给了地方政府，地方政府必然要承担更多的责任，但另一方面地方财政收入大幅下降，根据统计年鉴数据，地方财政收入占 GDP 的比重从 1994 年前 12.3%的平均水平降为 1994 年后 6%的平均水平；地方财政收入占全国财政收入的比重从 1993 年的 78.0%猛降至 1994 年的 44.3%，降低了 33.7 个百分点。尽管之后地方财力有所回升，1997 年达到全国财政收入的 55.1%，但仍然大大低于 1993 年以前的水平。地方财政收支反方向变动造成地方财政收支缺口越来越大，地方本级财政收入与地方本级财政支出之比明显降低，地方财政自给率仅为 60%左右。其结果必然是地方财政收支矛盾激化。

城市基础设施和公共事业是城市经济发展的基础，它直接影响着地方经济各领域资源配置的效率。改善基础设施及其服务水平是地方政府促进经济增长和提高社会福利水平的重要前提。随着城市化进程的加快，中国原先就滞后的城市基础设施更是不堪重负，大城市交通拥挤、环境污染严重、水资源短缺等问题突出。即使是上海、天津等中国城市基础设施水平较高的城市，其基础设施水平与国外一些大城市相比，还存在着较大的差距。如 2002 年上海人均公共绿地面积为 6.1 平方米，只相当于伦敦 1990 年水平的 16.0%左右。地方政府面临着巨大的城市基础设施和公共事业建设资金需求。

目前，中国在法律上不允许地方政府直接向银行借款，1994 年颁布的《预算法》明确规定除法律和国务院另有规定外，地方政府不得发行地方政府债券。在不断扩张的地方财政支出压力面前，许多地方政府通过组建各式各样的政府性投资公司（融资平台）去筹集建设资金。地方政府通过财政资金注入、国有资产注资、土地收益投入以及赋予特许经营权等方式扶持组建政府性投资公司，形成了一个代替地方政府承担政府建设项目投、融资和建设任务的平台和载体。地方融资平台筹集建设资金的一个重要渠道就是发行城投债，1997年广州市地铁总公司就发行了广州地铁建设债券，广州市政府负责偿还债券本息，1999年上海市城市建设投资开发总公司发行了5亿元浦东建设债券，债券筹集的资金用于上海地铁二号线一期工程。2004年以后，城投债在中国迅速发展起来，规模不断扩大，特别是2008年世界金融危机以来，国内启动了4万亿元经济刺激计划，城投债规模随之呈井喷式增长。根据统计数据，截至2013年1月，仅未清偿的城投债金额就超过了1.8万亿元。地方政府通过地方融资平台发行城投债获取了大量的建设资金。

二、中国城投债的特点及发展趋势

地方融资平台发行的城投债从名义上讲是一种企业债券，但其实际上是市政建设债券，是一种准地方公债。城投债以企业债的形式发行，避开了预算法的限制，是在当时分税制财政体制下的一种变通做法。这可从城投债与地方公债和企业债的对比中看出，如表5-1所示：

表5-1　**城投债、地方公债与企业债的比较**

项目	发行主体	资金投向	期限结构	投资者构成	偿债机制	违约率
城投债	融资平台	地方公共建设	中短期为主	银行、基金	项目收益 地方财政	未出现
地方公债	地方政府	地方公共建设	长期为主	个人、基金	地方财政 项目收益	有
企业债	企业	经济项目	短期为主	基金、个人	项目收益	有

第一，从城投债的资金投向来看，城投债一般依托地方经济建设项目以企业债的形式发行，其必须有一定的建设项目回报率作为基础，但城投债发行筹集的资金投向一般包括了这些收益项目和地方基础设施建设和公共事业建设。投融资平台实际上承担了地方政府在市政建设方面的某些职能，投融资平台在集中管理地方财政投融资活动，城投债发行所筹集的资金一般都投向了城市基础设施和公共事业建设中，这又有了地方公债的特征。从实际情况来看，城投债的发行为地方政府筹集了大量的地方公共建设资金，极大地提升了地方政府履职能力，有力地促进了地方基础设施和公共事业的发展，在地方经济社会发展中起到了重要作用。

第二，从城投债的信用风险来看，地方融资平台在发行城投债时，一般以土地收益和地方财政资金作为还债保障，其实质上一般是地方政府和地方国企为城投债提供担保，但实际上城投债债务并没有纳入地方财政预算管理，没有受到财政部门和同级人大的有效监督，其债务资金规模和结构透明度低，风险较大，而且现实中大多数地方融资平台内部缺乏有效的法人治理结构，缺乏有效的风险控制和预警机制，在管理运营不规范的条件下，地方融资平台债务风险较大。据审计署 2011 年 6 月审计结果显示，全国省、市、县三级政府设立的融资平台公司中有 1033 家融资平台公司存在虚假出资、注册资本没到位、地方政府和部门违规注资、抽走资本金等问题，涉及金额达 2441. 5 亿元。另外本阶段城投债资金一般投向地方基础设施和地方公共品建设，其投资项目收益率普遍不高，随着城投债发行规模的不断扩大，其发债主体的信用评级不断下降，无担保债券比例不断升高。

第三，从城投债的偿还来看，本阶段的城投债资金投向项目大多不产生明显的直接的收益，这决定了其投资项目资金回报率低，仅靠投资项目本身的收入难以还本付息，需要地方财政提供实质上的隐性担保，所以本阶段城投债主要是靠财政资金作为偿债基础。从实际情况来看，地方城投债有出现偿债困难情况，但尚未出现违约的事实，其根本原因就在于地方政府充当了最后还款人的角色。从这个意义上讲，本阶段城投债是一种准地方公债。

第四，从城投债的发展趋势来看，本阶段城投债的产生是在分税制财政体制下地方政府的一种创新做法，是绕开预算法限制发展地方公债的有益尝试。随着预算法的修改完善和财税体制改革的推进，国家必将规范地方融资平台的发展，其发行的城投债将被分类对待，以有直接投资回报收益的地方建设项目发行的城投债将以建设项目投资收益作为还债资金来源，这类债券将向企业债券方向发展，承担地方基础设施和公共产品建设的城投债将逐步纳入财政预算管理，成为真正意义上的地方公债。

第三节　2009 年以来中国地方公债发行试点

2009 年在应对世界金融危机的大背景下，中央采用中央代发的方式发行了 2000 亿元的地方公债，并且专门制定了《2009 年地方政府债券预算管理办法》、《2009 年地方政府债券资金项目安排管理办法》和《财政部代理发行地方政府债券财政总预算会计核算办法》等文件，明确界定地方政府债券由财政部比照记账式国债发行方式，面向甲类国债承销商采用市场化招标方式确定发行利率，按照各地方债券承载能力和中央项目需要的地方配套资金数量并适当向中西部倾斜的原则，确定发债数量，实行年度发行额管理，以统一的债券利率水平发行。2009年首批地方债期限统一为3年，地方债券筹集的资金金额被纳入省级财政预算管理，地方政府需要负责足额安排债券还本付息所需的资金数额，并及时向中央财政上缴债券的本息和发行费用等资金，地方债券到期后，由中央财政出面统一代为办理债券本息的偿还事务。对未按时上缴资金的，中央财政将根据逾期情况计算相应的罚息，并在办理与地方财政结算时如数扣缴。地方债券筹集的资金主要用于了中央公益性建设项目投资中的地方配套部分以及其他难以吸收社会投资的公益性建设项目支出中，严格控制地方债券资金被安排用于能够通过市场化行为筹资资金的投资项目，地方债券资金不得安排用于经常性支出。2010年中央继续代发地方公债2000亿元，地方债券期限变为3年和5年。2011年10月财政部正式颁布了《2011年地方政府自行发债试点办法》，同意上海、浙江、广东和深圳四省市试点自行发行地方政府债券，债券还本付息仍然由财政部代办，这一年全国共发行地方公债2000亿元，2012年地方公债总发行数增加到2500亿元。2013年江苏省和山东省加入到自行发债省份行列，这年共发行地方公债3500亿元。2014年财政部颁布了《2014年地方政府债券自发自还试点办法》，同意由原先自发代还地方公债的六省市加上北京、青岛、江西和宁夏四省市总共十省市进行地方公债自发自还试点，规定试点省市自发自还地方公债，这十省市本年度共发行1092亿元地方公债，全国共发行4000亿元地方公债，债券期限首次延长到7年，试点省市可延长债券期限。随着新预算法的颁布实施，2015 年地方政府债券分为地方政府一般债券和地方政府专项债券两种，财政部颁布了《地方政府一般债券发行管理暂行办法》和《地方政府专项债券发行管理暂行办法》，同年财政部、央行和银监会发布通知开启了地方债务置换计划。

地方公债试点发行以来，债券发行规模不断扩大，期限结构逐渐延长，各项规章制度逐步出台，发行方式由最初的中央代发代还试点开始，逐渐有了代发自还、自发自还试点，地方公债发行试点实践在稳步推进，但也面临着债券利率水平和结构不合理、地方公债市场化发展程度不高、信用评级等中介服务机构发展不足等现实问题的挑战。

第四节　现阶段中央代发地方债模式剖析

根据现实经济社会发展形势的需要，2009 年中央首次采用中央代发的方式进行了地方公债的发行试点，开启了中国地方公债发行试点实践的序幕。中央代发地方公债模式是中国地方公债发展过程中的创举，是现阶段地方公债发行试点的主要模式，它有利于兼顾公平与效率，使地方政府债券得以顺利发行，但其具有过渡性特征。

一、中央代发地方债中的公平与效率

中央代发地方债是中央政府在面对现实情况作出的一种有益尝试。中央采用代发地方债的形式发展地方债，有利于增强

地方公债的信用，提高资金发行和使用效率，避免出现地区之间不平衡加剧的现象。

从效率的角度看，采用中央代发地方债，使得地方政府有了地方债这一规范的融资途径，获得的资金可以用来发展地方的公共基础设施和服务项目，有利于地方政府针对本地区的发展实际合理使用资金，提高资金使用的针对性和灵活性，提高资金使用效率。有利于增加地方政府在地方基本建设支出中的资金比重，改进地方政府的财政支出结构，增强地方政府履行其经济职能的能力，改善地方经济社会福利状况。

地方公债采用中央代发的形式，实际上是中央担保了地方债的信用，使之与国债信用差不多，这有利于地方公债以较低的利率和发行费用进行发行，降低其融资成本，地方债的清偿能力得到保证。在具体发行过程中，财政部面向国债甲级承销商采用市场化招标的方式发行，这实际上是利用国债成熟的融资机制来为地方融资，地方债的融资机制规范，提高了地方政府的融资效率。中央明确规定地方债券资金的使用范围，并将地方公债纳入省级预算统一管理，接受同级人大监督和审计部门审查，这有利于提高地方公债资金使用效率，提高其资金利用率。

从公平的角度看，中国各地区发展不平衡现象突出，沿海省份和大城市经济实力强，中西部地区经济发展水平相对落后一些，相应地，各地方财政实力各不相同。如果完全运用市场化手段自由由各地区发债融资会出现沿海省份和大城市获得更多的融资资金而中西部地区难以筹集到所需要的资金或资金成本过高的问题。这次中央代发地方债是根据中央项目需要的地方配套资金数量和各地区债券承载能力确定发债数量，适当向中西部作了倾斜，这样有利于中西部地区加快其基础设施和公共服务项目工程的建设，发挥中西部地区发展潜力，促进其经济社会的发展，缩小东西部地区发展差距。另外，中央代发的地方债，财政部负责代借代还，统一确定发行利率，这增强了地方公债的信用，抹平了不同地方政府的信用差异，使得各地地方公债表现为同质化的融资品种，统一享受准国债待遇。这有利于避免出现地区之间因经济实力政府信用不同而出现的融资不平衡现象。

二、中央代发地方债与国债转贷地方、地方公债的比较

中国在1981年开始发行国债，经过30年来的发展，国债市场日趋成熟，在国债市场发展的基础上，地方公债问题逐渐浮出水面，从世界范围来看，地方政府发行公债融资是发展趋势所在。从1998年以来，国债资金转贷地方到2009年中央代发地方债，地方公债在不断进行试点，特别是2009年的中央代发的地方债，名义上已经是真正的地方公债了，与之前国债转贷地方相比，中央代发的地方公债是一种地方债券形式，是地方政府承担的债务，但与目前世界上发展成熟的地方债相比，撇开各国国情不同，单就一般意义上来讲，中国中央代发的地方债又有过渡性特征。可以从表5-2中进行分析：

表5-2　**国债转贷地方、中央代发地方债与地方公债的比较**

项目	国债转贷地方	中央代发地方债	地方公债
发行背景	1998年东南亚金融危机	2008年世界金融危机	—

续表

项目	国债转贷地方	中央代发地方债	地方公债
发债主体	中央政府	中央政府	地方政府
承债主体	中央政府	地方政府	地方政府
资金使用主体	地方政府	地方政府	地方政府
资金使用方向	有限制	有限制	有限制
信用风险	无	无	中
发行期限	短期	短期	中长期为主
信息披露程度	低	中	高
投资主体	—	机构投资者为主	个人和机构投资者等
发行利率	低	低	中
预算管理	不列地方预算	列地方预算	列地方预算
偿还保证	中央担保、地方偿还	中央担保、地方偿还	地方偿还

从表 5-2 中可看出，中国政府在应对突发的经济危机时转危为机，推进中国财政体制改革，在 1998 年东南亚金融危机爆发后，中央推出国债资金转贷地方的措施刺激经济。2009 年在应对全球金融危机的基础上推出中央代发地方债举措，有效实施经济刺激计划，防止经济增长趋缓。发行主体都是中央政府，资金使用主体是地方政府，资金使用方向有限制，主要用于中央项目的地方配套资金，用来建设地方公用事业和改善民生。不同的是国债转贷做法中地方政府负责上缴债务本金，实际承债主体是中央政府，而中央代发地方债中地方政府成了名义上和实际上的债务人，这有利于明确权利和责任的一致性，克服国债转贷资金使用中权责不一致导致资金使用效率低下的问题。另外，国债转贷地方资金不列地方预算，这不利于资金使用过

程中的有效监管和核算。2009年中央代发地方债时明确规定了该资金列入地方预算管理，接受同级人大监督，资金使用运行程序规范，资金管理监督机制明确。

中国目前并没有让地方政府自主发行地方公债，以美国和日本等国发展的地方公债为参照，对比中国中央代发的地方公债可以看出：

第一，中央代发的地方公债，发债主体为中央政府，承债主体是地方政府，这与完全的地方债不同，在完全的地方债中这二者是统一的，即地方政府可以自行发行地方公债。在现行的财政体制下，中国的经济社会建设需要发挥中央与地方两方面的积极性，地方政府在承担独立的经济职能时需要有相应的财力作保证，中央一手包办的地方债不利于地方积极性的发挥。另外，从信息对称的角度讲，与中央政府相比，地方政府在了解本地区公共事业发展状况和地区居民对公共品需求方面具有信息上的优势，由地方政府根据本地区实际情况发行地方公债筹集地方建设资金有利于提高融资行为的有效性和针对性，提高资金的使用效率。因此，从发挥地方积极性和信息优势、提高融资效率的角度讲，中国应在进一步强化地方财政运行情况的基础上发展一般意义上的地方公债，让地方政府自行决定发行地方公债，中央负责审批和监管。

第二，中央代发的地方债因为中央财政负责代发，代为偿还本息，实质上是中央对这种地方债作了担保，这增强了地方公债的信用，使得中央代发的地方债在信用上几乎等同于国债。这一方面使地方债的信用风险小，但另一方面也使得这样的地方债发行利率偏低，二级市场上流动性不足，主要就是银行等机构投资者购买来进行资产组合，个人投资者很少参与其中。

主要是银行间债券交易市场交易，证券交易所交易少。这其实也影响了债券的期限，基于对地方政府及未来经济情况的不确定性认识，个人很难持有长期的地方公债直到债券期限结束。二级市场不活跃，则个人很难在债券到期前将债券转手，卖掉自己不需要的投资品，规避投资风险，增强投资的灵活性。这将使得应以中长期期限为主的地方公债很难受到广大居民的欢迎。

第三，债券的规模和期限方面，与国债的规模相比，地方债的规模较小，但地方债的发行针对性强，使用灵活。中央代发的地方债券实质上是中央担保的地方债券，如果地方政府未能及时缴纳债券本金和利息或不能足额上缴债券本金和利息，则代发的地方债可能会成为中央的或有负债。中国在经过持续多年的赤字扩张之后，中央作为负债主体已经不堪重负，中央财政的债务负担已经很重了，从这个角度分析，中央代发的地方债规模不会很大，而地方债资金建设项目一般规模较大，需要投入大量资金，如果地方债达不到一定规模则会影响地方债资金的建设项目，使之很难达到理想的效果，地方财政收支矛盾将继续存在。另外，地方公债所得的资金一般用于地方资本性支出，资金规模大，投资时间长，回收效益时期长，这需要中长期的债券与之相匹配，将资金负担分摊到以后收益的各个时期内，实现效率和公平的要求，基于以上的分析，地方债一般应以中长期债券为主，而中央代发的地方债一般为短期债券的话则不能很好地满足地方公共建设项目的实际需求。

第四，中央代发的地方债券以中央代发并负责代为办理还本付息的形式保证了债券资金的偿还问题，即中央政府担保了地方债券的偿还能力，其实这种担保只是一种形式上的保证，是中央政府用自己的财政实力和信用作的保证。地方债券的真正偿还能力应来自地方公债资金所建的公共项目收益情况和地方财政收支情况，只有地方债资金所建项目收益情况和地方财政收入情况改善，地方债的偿还能力才会进一步增强。而这也有利于减轻中央财政负担，有利于地方债的良性发展和地方公共事业、经济社会的发展。

由此可见，中央以代发的方式发行地方债，有利于克服国债资金转贷地方中存在的资金使用效率不高、债务偿还难保障等问题，有利于缩小东西部地区之间发展不平衡现象，避免出现地区间新的发展不平衡。中央出面担保有利于增强地方债的信用，克服地方政府财政信用不足等缺陷，降低债券发行成本，提高债券发行效率，使得在现阶段中国地方公债得以发行和发展。但中央代发的地方债也有其不完善的地方，如债券的期限、规模及流动性以及发挥地方政府的积极性、主动性等方面需要进一步加以改进。

由此可以看出，中国采取的中央代发地方债的方式克服了中国现阶段发展地方债市场的一些不足之处，使得地方公债在现阶段得以顺利推出，充分发挥地方公债的效用。但中央代发的模式也有其不足之处，具有过渡性特征。中国应在提高地方政府财政信用和预算约束等的基础上，不断推进财政体制改革，积极探索一般意义上的地方公债市场的发展和完善，以此来增强中央和地方的财政实力，推进中国的经济社会发展。

第六章　美、日发展地方公债的经验借鉴

第一节　美国市政债券市场

在西方许多经济发达国家，地方财政运行往往独立于中央财政，地方各级政府通过发行地方政府债券来筹集地方公共建设所需资金的做法比较普遍，地方公债发展较早，至今基本上形成了较为成熟完备的市场体系，如美国的市政债券市场和日本的地方公债市场等。一些新兴发展国家如印度、印度尼西亚、南非等，目前也要采取各种各样和各具特点的政策措施和手段来发展本国的地方公债市场。虽然新兴国家没有如美、日等国成熟的市场体系，但在借鉴美、日等发达市场经济国家发展地方公债的经验教训基础上，这些新兴国家不断进行各种制度创新，不断为本国的地方公债发展铺平道路，用地方公债来为公共建设项目融资的做法已成共识。中国在未来的城市化发展进程中，需要大量的市政建设资金，因此中国应在借鉴美、日等国家发展地方公债市场的经验教训基础上，探索发展适合本国

地方公债市场的道路。

一、美国市政债券市场的特点

美国是一个联邦制国家，地方州和政府可以发行地方公债即市政债券来筹集资金，进行债务融资，美国的市政债券市场发展时间较早，至今已形成较完善的市场体系，市政债券的发行、交易规模大。美国市政债券一般可分为收入债券和一般责任债券两大类，收入债券以发债资金兴建的地方公用投资项目的收益作为担保和主要还款来源，一般责任债券则以地方政府的信用和税收能力为担保，主要以地方政府的财政收入作为还款来源。归纳起来，美国市政债券市场有以下几个特点：

第一，发展历史久，市场规模大。在美国，市政债券从19世纪20年代开始为地方基础公用设施融资。美国南北战争以后，快速的工业化和城市化进程导致地方市政设施和公共服务的大量需求，这需要地方政府对此投入大量的建设资金。尤其是二战以后，由于人口增加和城市化进程加快，地方政府的公共建设支出迅速增加，债务规模不断膨胀。20世纪40年代初，美国市政债券规模大约为200亿美元，到1981年底，市场债券规模达到了3600亿美元，2000年年底达到了15553亿美元。截至2010年三季度末市政债券规模达到了2.9万亿美元，占美国债券市场总规模的8.1%，大约有5万个发债人。①

第二，资金用途明确，期限长。美国市场的债券主要用于

① 边卫红，陆晓明，戴道华．美国债券市场结构分析及策略研究．全球经济金融问题研究，2011，72（3）：1-26.

公路设施、社会福利、公用事业、教育等，如城市供排水系统等市政工程建设方面都是地方公共服务性设施和基础建设项目的建设。这些基础建设建设周期长，投入资金量大，一般只有长期债券能与之相适应，美国市政债券主要以长期债券为主，1990 年美国州和地方债券总额中，长期债券占 96.1%。据美联储发布的数据，2009 年美国市政债券金额为 23486 万亿美元，约占当年 GDP 的 16.5%，其中短期债券金额为 1346 万亿元，仅占 5.7%，绝大多数为长期债券。

第三，市政债券利息收入免税。美国州和地方政府债券也被称为免税公债，这实际上是联邦政府对地方政府的特殊补助形式，有利于地方政府融资，促进地方公用事业的发展，并采取措施避免套利，确保了免税的实际效果。

第四，市场化程度高，债券流动性强。截至 2010 年三季度美国市场债券持有者中个人约占 37%，共同基金占 33%，银行占 9.7%，保险占 16%，其他占 4%。①主要通过柜台交易市场进行交易，近年来电子交易市场也迅速发展，市场债券二级市场的日交易规模大，信用评级详细严格，金融机构可对市政债券进行担保。保险公司可对市政债券进行保险。

二、美国市政债券市场的信用监管

美国市政债券的发展为地方市政公共建设提供了融资渠道，促进了地方发展，但也有出现市政债券违约带来灾难的教训，

① 边卫红，陆晓明，戴道华．美国债券市场结构分析及策略研究．全球经济金融问题研究，2011，72（3）：1-26.

如1975年纽约市政债券发生违约，产生了不好的影响，为此美国政府加强了对市政债券市场的信用监督，主要表现在以下几个方面：

第一，完善监管的法律法规，成立专门的市政债券监督机构，即市政债券条例制定委员会（MSRB），负责全面监管市政债券市场的发展。

第二，建立信用评级制度。美国目前权威的信用评级机构主要有穆迪公司和标准普尔公司，评级公司从自身利益出发，一般会公正评级，市政债券经过这些商业评级公司评级，结果公正，能帮助投资者识别风险，增强投资者的投资信心。

第三，强化信息披露制度。在1975年纽约市政债券违约事件发生以后，美国加强了对市政债券信息披露制度建设，使之成为一种强制性准则。城市财政局长协会和公共证券协会共同制定和实施了自愿信息披露准则，规定了市政债券发行前公众应知晓的地方财政信息内容，并且推荐了信息披露的格式，而且在市场的债券存续期内，市政当局必须及时披露与之相关的信息内容，市政当局对披露信息的真实性负责。

第四，建立债券保险制度。美国目前有数十家专业地方公债保险公司来为市政债券提供保险，增强其信用级别，防范违约风险。目前，近一半的市场债券申请了保险，债券保险有利于增强市政债券的信用级别，降低了市政债券的购买者的风险。

美国市政债券市场的发展为州和地方政府筹集了建设资金，增强了地方政府的履职职能，促进了地方公共事业的发展，丰富并发展了资本市场的投资品种，使得各级地方政府能以较少的资金投入，吸引更多的社会资金共同投资于城市公益项目，促进了美国地方经济社会的发展。

第二节　日本地方公债制度

一、发行背景介绍

日本地方公债是指地方公共团体因财政资金来源不足而借入的债务，包括地方各级政府都道府县和市町村的举债。日本地方债的发行早在明治初年就已开始，到“二战”后逐渐形成了一套比较完备的地方债制度。地方债在日本战后地方财政中始终占有一席之地，特别是20世纪60年代后期，日本经济增长速度减慢，70年代又受到“石油危机”的冲击。日本此时一方面经济萧条导致财政收入严重不足，而另一方面财政支出刚性不断强化，要求增加支出刺激经济复苏，日本财政收支缺口进一步扩大，在此背景下，日本地方政府采取增加发行地方公债的办法。1975年发行地方债券32598亿日元，1990年就增加为64162亿日元，1995年达到171175亿日元；在1985年地方债余额为426884亿日元，1990年就达到521895亿日元。①日本地方财政规模因此逐年增大，发行地方债券已成为维系地方财政，扩大地方财源的重要手段，地方债成为国家经济部门借入债券的重要支柱。

① 童适平．战后日本财政和财政政策研究［M］．上海：上海财经大学出版社，2002：19-23.

二、发行方式、种类及资金来源和投向

日本地方公债从发行形式上看主要有证书借款和发行债券两种。证书借款指地方政府以借款收据的形式筹借资金的方式。在1990年的日本地方政府债务余额中，证书借款占到了72.5%，尤其是在借入中央政府资金和公营企业金融公库资金时，一般都采取这种方式。发行债券方式一般分为公募和私募两种。公募指通过发债市场发行债券的方式。公募发行时，由证券公司和金融机构组成承购团负责承购，证券公司承购的部分向社会再销售，认购者主要是银行、其他金融机构和个人投资者等。私募发行指地方政府对有关机构等直接发行债券，认购者是地方政府指定的银行、公务组织和保险公司等。如果发行额度小，就由各地方政府指定的金融机构认购，若发行额度大，则由金融机构和证券公司组成认购团认购，招募发行额度占地方债余额的比重为20%~30%。

日本地方债分为普通会计债、公营企业债、准公营企业债和特别事业债等，大体上可以分为地方公用事业建设债券和地方经济建设债券两大类。地方公用事业建设债券是由日本地方政府直接发行的债券，这类债券收入的投资效果主要是形成一定的社会效益，而不会带来直接的经济效益。这类债券的资金来源主要是地方税收和预算外资金、财政补贴等其他财政收入。它主要用于地方道路建设和地区开发、义务教育设施建设、公营住宅建设、购置公共用地及其他公用事业。地方经济建设债券是指特定用于一些能够产生经济效益的基本建设工程的债券，也称为收入债券，即用特定的基本建设工程收益作担保，靠其

收益偿还本金和支付利息。这类债券一般实行专款专用，不能作其他工程的资金。日本地方经济建设公债的使用相对集中，主要用于自来水和交通设施建设等方面。

日本地方公债的资金来源主要是政府资金、银行资金、公营企业金融公库资金和其他资金，其中政府和公营企业金融公库资金占有重要地位。1990 年地方债余额中，政府资金占 51.4%，银行资金占 14.4%，公营企业金融公库资金占 15.2%，其他资金占 19.0%。中央掌握地方债的大部分资金以保证地方公债资金市场的平衡。日本地方公债的相关法律规定的地方债适用范围主要有 6 项：交通、煤气和水道等公营企业所需经费，财政拨款及贷款，地方债转期，抗灾应急事业费，灾后恢复事业费以及灾害赈济事业费，公共设施、公共设施建设事业费或这些设施的用地费用。此外，在特殊情况下，以特别立法的形式可发行上述目的以外的地方公债。1990 年末日本地方政府公债余额中，有 54.7% 用于上述 6 项。地方经济建设公债中 43.0%用于下水道建设，27.1%用于自来水设施建设，交通设施建设债占到 18.4%。①

三、日本地方公债的管理

日本对地方公债的发行、投向、使用等都实行严格的管理。“二战”以后，日本每年在编制中央预算的同时由自治大臣与大藏大臣协商共同制订编制地方债计划，其主要内容包括地方公债发行总额、资金投向及各种发行方式的发债额度等。另外，

① 刘长琨．日本财政制度［M］．北京：中国财政经济出版社，1998：104-111.

日本政府对地方债券实行严格的协议审批制度。日本地方自治明确规定，地方公共团体在地方债的发行及借款方法、利率和偿还方式等方面必须获得自治大臣或都道府县知事的许可，自治省审查后将各地的发债计划进行汇总，同大藏省协商后统一下达分地区的发债额度。自治大臣在具体审批各地方政府的发债申请时，还要确定当年不批准发债地方政府或限制发债地方政府的名单，一般不按时偿还地方债本金、以前通过不符事实的申请获准发债的地方政府将不被批准发债。另外日本政府还严格限制财政赤字的地方政府和赤字公营企业发债，对当年地方税的征收率不足90%的地方政府发债也要进行限制。

四、对日本地方公债制度的评价

日本通过建立地方公债制度和发行地方公债，一方面充实了地方财政实力，为建立大规模公共设施、救灾及兴办地方公营企事业提供了筹集资金的手段，促进了地方公共事业和经济的发展。另一方面，大规模的地方债券发行使得财政收入高度债务化，财政收入的债务依存度不断上升，财政风险加大。1992 年日本中央和地方公债务余额（包括中央和地方政府的公债，下同）占 GDP 比重为61.4 %。到2002 年，公债余额为700万亿日元，占 GDP 比重上升为 139.6%。①此外，中央掌握地方债的大部分资金在一定程度上有助于克服各自治体间地方公债分配的偏畸，保证地方公债资金市场的平衡。但同时也使得地方政府在公共工程的决策上放松了对工程的实际需要程度和费

① 王朝才．日本 90 年代以来的财政政策［M］．财政研究，2002，7：68-73.

用效益分析的把握，造成资金的浪费，地方发展主要体现中央政府的意向，缺乏地方特色。另外，日本的地方公债制度没有为公众参与设置渠道，公众监督难以涉及，容易造成公共事业工程操作的黑箱化，造成浪费。

日本建立了严密的地方公债管理制度，地方公债计划与协议审批制度相互配合使得公债管理成为日本宏观经济政策的重要组成部分，既防止地方公债的膨胀又可以指导地方公债资金的用途，强化了中央与地方财政的联系和中央对地方财政的指导，对于协调地方政府与中央政府的步伐，实施经济社会政策有着重要意义。但从另一方面来看，过分严格的地方公债管理制度造成了日本中央政府对地方公债干预过度的问题。在地方公债的发债审批制度上，中央政府审批作用过强，弱化了其他如地方议会、信用中介机构等环节的监督约束作用。另外，在地方债的资金来源、地方债的利率决定机制等方面都存在着政府过度干预的问题。

第三节 对中国的启示

一、应在一定范围内发行地方公债

随着社会经济的发展，中国地方政府在地方基础建设，提供公共服务方面扮演着越来越重要的角色。发行地方公债是加快地方基础设施建设和经济发展的需要，尤其是当前加快中国城市化建设进程以及促进专项事业发展的需要。目前，地方财政支出的规模不断扩大，举债也是地方政府缓解地方资金供需矛盾和年度间支出需求差距的一种有效方式，有利于规范地方政府债务，强化债务管理，防范地方债务危机，而且发行地方公债也是完善我国金融市场、金融体系以及健全宏观经济调控体系的需要。同时，随着中国分税制的实施和规范发展，地方政府承担了更多的事权，与此相适应，也应享有独立的税收立法权和公债发行权。中央政府出于促进地方政府增强责任感和公平程度的考虑，也应相应地下放事权和财权，以调动地方政府兴办事业的积极性。

从发展地方公债融资的现实可行性来看，地方债券作为一种“银边债券”在目前存在巨大的发行空间，且能得到认购者的积极响应，在债券需求和资金供给方面没有问题。中国政府在债券发行和统筹管理方面已具备较成熟的经验，国外也有比较成熟的经验和教训吸收。另外，中国证券市场的初步发展和当前较低水平的市场利率水平都为地方政府债券发行提供了良好的外部条件。因此，为了完善分税制，加快地方基础设施建设和经济发展，应允许在一定范围内发行地方公债，一些条件成熟的省市级地方政府可以以收入债券为突破口进行地方公债发行试点，同时要规范已经出现的一些地方政府的变相债券融资行为。

二、合理设计地方公债

地方公债一般可分为一般债券和收入债券。一般债券的收入可用于各种基本建设，而收入债券一般是以特定的基本建设工程的收益为担保，专款专用。一般债券和收入债券是两类不同用途和不同效果的债券。中国现阶段发行收入债券的条件相对比较成熟，收入债券不直接构成地方政府的债券，其偿还相对有保证，发行的制度障碍和约束也比较小，地方公债的发行应以收入债券为主。发债资金应投向交通、通信、能源和公共设施等基础行业，应选择那些地方经济发展最急需、最有带动作用的工程项目进行投资。对于一些外部效应比较大，收益不足以完全偿还债务本息的项目，还是应该适当发行一定规模的一般债券，以政府的税收来保证这类债券偿债资金的来源。

从目前的条件来看，地方公债宜由地方发行政府指定金融机构和公共单位以私募的方式组织认购。地方债券的利率应低于企业债券和公司债券而略高于国债。由于地方债券的安全性比国债要差，是一种“银边债券”，为了利于地方债券的发行推销，一般要从债券利率政策以及税收政策等方面给地方债券提供一定的优惠和照顾。中央对地方政府公债应免征利息所得税，以提高地方公债的吸引力。同时，可以考虑采用固定利率来锁定偿债成本，使债券资金更好地用于基础设施建设和基础行业。地方债券筹集的资金主要应投向基础设施项目，工程建设周期长，收益期也长，因此，债券的期限也应尽量为中、长期，以利于地方政府合理地安排财政收支预算，保证债券的按期还本付金。

三、加强对地方债务的管理

第一，建立地方公债发行审批、监督机制。中央要按照统一债务管理的原则，制定相关的地方公债法律制度，成立专门的公债管理机构负责全国地方公债的发行审批和监督工作，从各地的实际经济发展情况出发，对申请发债的地方政府进行严格的审查，适当选择并严格控制发债主体的范围，依法确定发债主体资格。地方政府的举债总量要由中央统筹控制，以避免地方政府分散发债可能带来的债务规模不断扩大的风险。国家下达发债批准数额后，地方政府要结合自身的收入状况、还债能力等来制订具体的发债计划，并将详细的发债计划提交主管部门审议批准，同时还应充分发挥社会信用评级中介组织的积极作用。

第二，施行公共项目的民主化管理。通过对日本地方公债制度的考查可以看出，地方公债使用效率高低的关键在于公债项目管理是否科学，信息封闭和决策的官僚主义都会导致公债的过量发行和使用效率低下，要从制度上保证当地居民能够充分地参与公共项目的决策和监督。为此，必须保证地方财政和公债信息充分披露，提高地方财政透明度。这要求地方政府本身要具有良好的财务制度，能够真实反映地方的财政状况和地方公用债券的相关信息。

第三，加强资金使用效益的考核。发行地方公债的目的是为了筹集建设资金，促进地方基础设施和重大公共项目的建设。应充分考虑资金的使用效率，防止出现地方公债过量发行和效率低下的现象。为此除要注意地方公债投资回收期、投资利税率和公债成本系数等直接效益指标外，还要充分考虑地方公债的间接效益。地方公债的发行和使用应有助于减轻地方政府财政压力和债务负担，改善地方财政状况，促进地方经济结构中基础产业、基础设施和重大建设项目的发展，带动地方经济的发展。

第七章　中国发展地方公债的对策建议

地方公债的存在有其理论依据，在中国发展地方公债，通过地方公债筹集地方基础设施和公共服务建设项目的资金有助于地方政府更好地履行其各项职能。发展地方公债也有利于缓解中央财政压力，调整政府债务结构，化解地方债务风险，提高债务资金的使用效率，丰富和发展中国债券市场，推动社会经济的发展。在中国现阶段发展地方公债应从下面三个大的方面着手。

第一节　逐步建立起完备的地方公债制度

一、谨慎选择地方公债的发行主体和种类

在中国现阶段，发展地方公债市场，通过发行地方公债的方式来为地方基础设施和公共服务项目筹集建设资金是一种不错的政策选择，地方公债作为一种有效的筹集建设资金的渠道，也容易受到地方政府的欢迎。但与此同时，中国不少地方政府

存在着预算软约束，各种隐性债务风险较高的问题。因此，在中国现阶段发展地方公债应谨慎选择债券的发行主体，允许发行地方公债并不是意味着所有的地方政府都能自行随意发债。

中央应从中国实际情况出发，严格控制发债主体的范围，依照相关法规确定一些具体发债资格条件，如地方财政预算平衡，财政三年内未出现赤字，政府资信强，偿债能力有保障等来对申请发债的地方政府进行严格的发债资格审查，支持鼓励符合条件的地方政府通过发展地方公债来促进地方经济社会发展，并以此形成激励机制，来促使各级地方政府积极提高自身财政状况，取得发债资格。

目前，中国可以选择一些经济实力强的省份和大中城市进行地方公债的发行试点，等条件成熟以后，再进行推广。开放次序应先开放收入债券市场，形成试点，因为开放收入债券市场比一般责任债券市场的制度障碍小，风险程度低一些，再适当发展一般责任债券市场。

二、严格限定地方公债资金的使用范围

地方公债资金的投向将会决定地方债的成败，只有将地方公债资金投向生产性领域，形成资本性支出，地方债的发行才不会形成居民的负担，地方公债的偿还才会有保障，地方公债制度才能得以维持，地方公债市场才会有发展的可能。

地方公债是在地方政府信用基础上发行的债券，发债筹集的资金应投向地方基础设施和公共服务项目建设，用来形成资本性支出，解决制约地方发展的关键项目建设，以此来促进地方经济社会发展，增强地方财政实力，保障地方公债的

还本付息能力，实现债务资金的合理循环，提高资金使用效益。地方公债的资金不能用于地方政府的日常经常性支出项目。

国家可在发行地方债的同时出台相应的政策规定，明确界定地方公债资金的使用范围，并对债券资金的实际使用情况进行监督检查，以保证地方公债资金的使用方向正确。另从地方公债的种类角度来讲，收入债券一般是与地方各种专项建设项目相联系的，一般具有专款专用的特征。因此，地方公债品种应以收入债券为主。这样，地方公债资金的使用方向和范围有保障，公债的还本付息也有项目收益作为还款来源。对一些关系地方发展而项目本身又无法形成收益的公共基础项目，可适当发行一般责任债券来筹集建设资金，来解决地方经济发展中的关键制约问题，增强地方财政实力，保证公债资金的偿还。

如果地方政府不重视公债资金的使用方向，将公债资金用于日常一般性支出项目，则会造成居民的负担加重，债券还本付息能力难以保障，地方政府自身信用受影响，地方公债制度难以维持，地方公债市场难以发展。

三、合理确定地方公债的发行规模、期限和利率水平

在当前地方财政收支不平衡的条件下，地方政府在相应事权的压力下，急需相应的财力来支持其财政支出，地方公债作为一种有效的筹集资金的手段，容易受到地方政府的欢迎，地方政府会有扩大地方公债发行规模的强烈动机。但地方政府债

券的规模应合理确定，地方政府应根据建设项目所需的资金数量和地方财政自身盈余情况决定地方公债的初步发行规模计划并向中央提出申请。收入债券重点考虑所建项目的资金需求量和收益情况，一般责任债券则要重点考虑地方财政的实际运行情况，中央应从全国宏观调控的总体要求、国家债务规模水平、国债发行情况，以及地方的实际需要角度出发，对地方的发债数量申请进行审核，最终确定各地方具体的发债规模。可考虑建立一系列的指标来衡量全国和地方的债券发行规模问题，如地方财政盈余情况、债务依存度、债务负担率，以及债务偿还率等指标。

由地方政府根据自身需要提出申请，中央进行审核，并最终确定发行规模，这样有利于发挥地方政府的主动性和积极性，也有利于合理确定全国范围内地方公债的总体规模水平。

地方公债的市场利率水平一般低于企业债券和公司债券而略高于国债，因此为了地方公债的顺利发行推销，中央应对地方政府公债免征利息所得税，以此来提高地方公债的收益水平和吸引力。同时，在中国现阶段可以采用固定利率的方式来锁定地方债的偿债成本，使地方债收益稳定，风险小，以此增强地方债的吸引力，并使债券资金可以更好地使用于地方基础设施和公共行业的建设中。从长远的角度看，地方公债筹集的资金主要应投向工程建设周期长，建成后受益期也长的基础设施项目中，因此，债券的期限设计也应以中、长期为主，这样也有利于地方政府合理地安排财政收支预算，以确保地方债按期还本付息。在债券市场条件成熟后，可试行浮动利率制来降低长期债券投资的风险性。

四、建立有效的地方公债监管体系

在中国现阶段，地方政府如果拥有发债资格，则会有强烈的发债动机。如果不加强中央等部门对地方公债的有效监管，不建立起对地方公债的监管体系，则地方债的发展会带来很多负面的影响。强化对地方公债的监管，国家可制定相应的法律法规来规范地方公债融资行为，中央可成立专门的地方公债监管部门，代表国家对地方公债实施最终审决权，审查决定各地方公债的发行主体、种类、规模、利率、期限等，建立和完善相应的监管制度，依法负责实施对全国范围的地方债监管工作，对各地方的资金使用情况、偿还情况等进行监督和评估，建立起地方债的监管体系。

同时，各地方债也应加强自身监管力度，同级人大要审核、批准、监督地方政府的发债申请、债券资金使用情况和偿还情况等，各级审计部门应强化对地方公债资金使用情况的监督审查力度。应鼓励支持市场中介机构提高专业素质，追求自身信誉，加强行业自律，促其发展，发挥其独立、客观、公正的评价判断作用。

另外，还应发挥市场中介机构的监督作用。地方公债发行流通环节中，可发挥审计、会计、评级机构等众多中介机构对地方公债的监督和约束作用，对地方公债的发行主体信用程度、公债资金的使用情况、公债资金建设项目的进展收益情况等进行独立的评价和监督，并将信息公布于众，使广大投资者了解地方公债资金使用、债券还本付息能力、偿还风险的情况，减小投资者的投资风险，对地方公债形成有效的监管。

五、形成可靠的地方公债偿债机制

地方公债的还本付息能力关系着投资者的切身利益，也决定了地方公债本身的信用水平，为保证地方公债能按时足额偿还本息，地方政府在发行地方公债的同时应建立专门的地方公债偿债基金。

收入债券基金一般是投资于有一定收益的地方公共项目建设，其所建项目的收益可作为其偿债资金来源；而一般责任债券筹集的资金一般是投向了没有实际收益的地方公共服务，则需要地方财政作为还债保障。因此，地方公债的偿债基金的资金来源：一是公债资金所建项目的收益，二是地方财政安排的专项资金。地方财政预算时必须按一定比例划拨资金入偿债基金账户，以保证地方公债的实际偿还能力，中央主管部门应对各地方政府对地方债的偿债基金安排情况进行审查监督，并以此作为评价地方债券信用，审批地方发债计划的重要依据。另外，在条件成熟时，也可考虑引入地方公债保险制度，由保险公司对地方公债进行保险担保，提高地方公债的信用水平和偿债保障。同时，也可对地方公债发行主体形成一定的帮助和监督作用，增强地方公债的流动性和信用。

同时，为规范地方政府举债行为，中央可为建立地方债务风险评估体系，选取合理的指标体系，对地方公债债务风险进行动态、前瞻性地判断评估，及时发现潜在的违约风险，防患于未然。

第二节　大力发展地方公债二级市场

一、高度重视发展地方公债二级市场的作用和意义

地方公债的流动性直接影响了公债本身的投资价值和投资者的投资信心。活跃的地方公债二级市场可使投资者在债券到期之前自由买卖手中的投资品，从而可以避免被锁定在自己所不需要的投资上。

发行地方公债筹集的建设资金一般是投向地方资本性支出项目，这些建设项目一般需要投入大规模的建设资金，而且建设时间较长，相对应地要求发行的地方公债应以中长期为主并维持一定的规模，基于对未来不确定的判断和自身投资的需要，投资者一般很难大规模地持有地方公债直到债券到期，如果不能在到期之前自由买卖债券，则投资者对该证券的需要会大大减少，地方公债的投资价值受影响。

另外，对中国现阶段发展地方公债市场质疑的一个观点就是地方政府的信用约束问题。地方政府信用不足则将影响地方公债的发行，流通和偿还各环节，地方政府存在的预算软约束问题会导致地方公债资金使用不规范，地方公债偿还难以得到保障。为此，应强化地方公债资金预算管理，规范其资金使用范围，要加强中央政府对地方公债使用和偿还的监督审计，与此同时发展地方公债二级市场，发挥社会中介机构的监督评价

作用也至关重要。

与中央政府既当规则制定者又充当管理监督检查者不同，二级市场上的中介机构是以相对独立的身份参加市场交易活动，其市场信誉是其生存发展之本。从维护自身信用出发，中介机构能客观公平地评价监督地方公债资金使用情况、偿还情况等，能对地方公债发行主体进行客观有效地监督，能为投资者提供地方公债发行、流通、转让等环节的帮助服务，便利投资者的投资行为，为投资者提供客观公平的投资品信息，减少投资者的投资风险。

地方公债二级市场是地方公债市场的重要组成部分，发展地方公债二级市场是现阶段中国发展地方公债市场的重要内容和迫切要求。经过国债二级市场和股票二级市场的发展，中国地方债券二级的发展有了一定的市场基础，但需要实质性的发展。2009 年地方公债发行之后，在二级市场上成交清淡，这不利于以后地方公债的发行流通和地方公债市场的发展完善。发展中国地方公债市场必须重视发展地方公债的二级市场。

二、形成合理的地方公债利率形成机制

投资者投资债券品种是为了获得相应的投资收益，地方公债的利率水平决定了投资者的投资回报大小，也将直接影响地方债券的市场表现。债券的利率水平与其信用成反比，债券信用水平越低，则投资者会要求较高的投资回报来对抗投资风险。地方公债是地方政府信用基础上发行的债券，其信用水平介于国债和企业债之间。因此，其利率应低于企业债而高于国债。为了利于地方债券的发行流通，中央一般会对地方债券免征利

息所得税，提高地方公债的市场吸引力。

在地方公债市场发展初期，可采用固定利率的方式来发行地方公债，这样有利于减少市场波动，使投资者获得稳定的收益，同时可以锁定偿债成本，便于合理安排使用地方公债资金，在地方公债确定利率时，可考虑实际市场情况，采用灵活的招标方式，形成合理的市场利率水平。

2009 年地方公债确定的整体偏低的利率水平影响了地方债的流通交易环节，导致其在二级市场上流动性不足。待地方公债市场有了一定的发展后，可考虑短期地方债券实行固定利率。中长期的地方公债可尝试采用浮动利率以减少投资者的投资风险，提高其投资的积极性，也有利于维护地方政府信用，提高资金配置效益，充分发挥地方公债在地方经济发展稳定中的调节作用。

三、培育和规范债券市场中介机构

在债券市场中，投资者需要市场中介机构在其面对未来存在不确定的投资项目时提供专业帮助支持，随着中国国债、股票等市场的发展交易以及网络的不断完善，中国的会计审计机构、信用评级机构、投资银行等中介服务机构有所发展。随着中国地方公债市场的进一步发展，势必要求进一步培育和规范债券市场中介机构，充分发挥它们在地方债券发行、流通过程中的作用，形成对地方公债发行主体、资金使用和债券偿还的客观公正的监督评价作用，为投资者提供投资信息，降低投资风险，形成对地方政府的有效监督，充分发挥信用评级机构的信用评估作用。积极引进如标准普尔、穆迪等世界知名的信用评级机构来对中国地方公债进行信用评级，加快中国地方公债市场发展。同时，可积极尝试建立地方公债保险制度，引入保险公司参与地方债环节，增强地方公债的信用，防范违约风险。

与此同时，也应依法加强对债券中介机构自身规范发展，增强其专业技能、建立起职业道德约束和行业自律的良好行业环境，充分发挥其在市场服务中的中介作用。

四、建立实行地方公债信息公开披露制度

地方公债筹集的建设资金应纳入地方财政预算，接受同级人大监督，定期向同级人大汇报资金情况。条件成熟时，地方公债资金使用情况和公共项目建设情况应实行强制性的信息公开披露制度，地方政府定期向社会和投资者公开地方公债发行、使用、流通、偿还等方面信息和情况，接受社会和投资者监督。这样有利于保证地方公债资金用于原定项目，保证地方公债的偿还，降低投资者的投资风险。与此同时，地方政府对公开披露信息的真实性负责，这会促使地方政府合理确定其发展规模，认真规划使用地方公债资金，提高地方公债资金的使用效率和偿还能力，逐步提高地方财政运行状况的透明度。

第三节　不断推进地方公债融资的配套改革

一、进一步深化分税制财政体制改革

建立地方公债制度，发展地方公债市场，要求进一步深化

中国分税制财政体制改革。1994 年分税制改革以后，中央和地方在划分事权的基础上划分了财政支出范围。当前应进一步深化分税制财税体制改革，明确科学划分中央和地方的事权和支出范围，并以相对规范的形式确定下来，明确各自的事权责任，中央和地方按规定的范围各自干好自己的事情，避免出现事权边界不清、责任不明，以及地方事权过重等情况。与此相对应，在相应的事权的基础上，应增加地方财政收入，保障其有相应的财力来履行其职能。发行地方公债是地方政府筹集建设资金的有效途径，是地方政府规范的速效渠道。与此同时，应深化税收体制改革，科学划分中央和地方分税的税种并确定其比例，完善地方税收体系建设，加强地方主税税种建设，积极推进如遗产税等新税种的开征，推进资源税改革，加大地方税收收入，形成地方稳定规范的财政收入来源，另外应规范地方政府中非税收收入，减少各种预算外、非预算收入所占比例。

明确界定地方政府的收入来源和支出范围，增强地方政府履行其职能的能力，促进地方财政健康发展，提高地方财政透明度和规范性。建立起地方财政硬预算约束机制，减轻和化解地方政府的各种隐性收入和隐性债务给地方财政带来的财政风险。中央应建立起规范的转移支付制度，合理确定转移支付力度，增强地方财力，调节地区间发展差距，避免出现因为发行地方债而造成地区间发展不平衡的现象。

二、明确地方政府职能，改善地方收支效率

地方政府需要明确其职能定位，只有清楚该干些什么的时候，地方政府才能够合理地发挥其职能作用，提高其财政收支

效率。明确地方政府职能，一是中央与地方政府的职能划分问题。地方政府是一国政府体系的组成部分，地方政府在政府职能范围内承担自己相应的职能。中央与地方政府的职能划分突出反映在事权的划分上，中央与地方的事权划分应合理、规范、明确。二是地方政府与市场之间的关系划分问题。地方政府应界定好其职能范围，从一般性竞争领域退出，充分发挥市场在其中的调节作用，将支出重点投向地方基础设施、公共服务支出项目建设中去，在一些市场发展不充分，市场规律调节作用不明显的领域，政府财政资金应尽可能地发挥带动作用，以实现以较少的财政资金带动大量的市场资金参与其中的效果。

此外，应明确地方政府债务偿还责任、公共项目建设投资责任等，建立有效机制使地方政府对其发行的债务进行的投资项目负责，还要求明确规范中央与地方、地方不同届政府之间的关系和责任，建立科学的干部考核制度、投资决策制度以及干部离任审计制度等。

三、建立地方政府多渠道规范的融资体系

在现阶段，地方政府承担着提供地方基础设施和公共服务、促进地方经济增长的重任，在财政收支不平衡的情况下，许多地方采用非正规的融资渠道去获取建设资金，造成地方政府融资行为不规范、各种隐性债务不断增加、投资资金使用缺乏监督等问题，因此，应针对地方政府融资特点，建立起地方政府规范的融资体系。地方政府难以用税收来支持承担的资本性支出项目可以用发行地方公债筹资的方式将这类支出的负担转移到后代，实现成本与收益相匹配，因此，应发展地方公债市场，

使之成为地方政府融资的有效渠道。

此外，还可以创新发展项目融资，资产证券化融资和股权融资等方式来为特定的地方公共基础设施建设项目融资。另外，还应对当前地方政府普遍采用的如土地融资、融资平台融资等方式进行规范，促进其健康发展。

四、清理地方政府隐性债务，提高地方政府财政信息透明度

当前，中国地方政府财政积累了大量的隐性债务，这是地方财政健康运行的隐患，也影响了地方政府的信用，发展中国地方公债市场就是要用规范的地方融资方式来为地方财政融资，减少替代地方各种非正式规范的融资手段和方法，规范地方融资行为，防范、化解地方隐性债务风险。

在中国现阶段，发展地方公债必须对地方公债资金作专门的使用和偿还监督检查，确保地方公债的使用范围和还本付息保障，增强地方公债的信用，防止用地方公债资金去偿还地方各种隐性负债。另一方面，应加强对地方政府隐性债务的清理工作，摸清掌握地方隐性债务规模，并以此作为评价地方政府信用、审核批准地方公债发行的条件和标准。

中国应进一步深化财税体制改革，明确地方财政支出范围，提高财政支出资金的使用效率，规范地方财政收入来源，完善地方财税体系，增强地方财政实力，逐步减小地方各种非税收入所占比例，强化地方预算管理，增强地方财政收支的透明度。

第八章　结论及研究展望

地方公债的发展问题是中国现阶段重要的理论和现实问题。本书在地方公债的理论分析基础上，结合中国当前实际发展情况，从为什么要发展地方公债、能不能发展地方公债以及如何发展地方公债等三个大的方面探讨分析了中国地方公债发展问题，得出了一些分析结论，并对该主题将来可能的研究进行展望。

第一节　主 要 结 论

本书以中国地方公债的发展为研究主题，首先论述了地方公债的理论基础，然后结合中国实际发展情况分析论证了发展地方公债的现实依据，并从地方公债的需求、供给两方面分析了中国现阶段发展地方公债的现实可能性及不足，在进一步剖析中国中央代发地方债模式的优弊以及美日两国发展地方公债的实践经验基础上，提出了中国发展地方公债应采取的对策措施。总结全书，可以得出以下几点基本结论：

（1）公共产品的层次性说明应主要由地方政府来提供地方

公共产品，而地方公共产品支出大多属于资本性支出项目，根据公平效率原则，与税收相比，用举债方式来筹集建设资金更为合理，根据公共财政理论，举债权是地方独立财权的应有内容。地方公债以地方政府信用为担保，以地方财政收入或地方建设项目收益为还债资金来源，风险较小，收益安全稳定，资金使用着眼于地方经济社会发展的实际需要，针对性强，是国家公债体系和债券市场的重要组成部分。地方公债对持有人来说可以是财富而不是负担，发展地方公债能为地方建设筹集资金，增强地方财政实力，调节地方经济运行，促进地方经济社会发展，并能满足投资市场的投资需求，促进证券资本市场的发展，所以说，地方公债具有存在的理论基础和依据。

（2）中国分税制改革以来，地方财政收支不平衡现象突出，地方财政收入相对不足，在相应事权压力下，地方政府采取了各种各样的融资方式来筹集建设资金，造成了严重的地方政府债务问题。与土地融资、融资平台融资等地方政府现阶段常用的融资方式相比，地方公债是一种规范、正式、有效的融资渠道，地方公债融资具有更高的融资效率，因此应发展地方公债融资，规范土地融资、融资平台融资等融资行为的发展，禁止非法融资，这样有利于抑制地方债务规模不断膨胀势头，加强对地方债务的监管，防范和化解地方债务风险。

（3）经过国债发行实践以及股票证券市场的发展，中国初步具备了发展地方公债的一般条件，地方政府希望通过发展地方公债来为地方公共事业基础设施筹集建设资金，以适应地方经济社会发展的需要，机构投资者和居民希望获取合适的投资品种来实现资金的保值增值。但现阶段地方政府普遍存在预算软约束问题，地方公债发行后其信用是否有保障，地方债务风险会不会进一步加大，是否会引起新的地区间发展不平衡，这些是必须考虑的问题。为此，中国采取了中央代发的方式进行了地方债发行的实践，中央代发模式增强了地方债信用，有效避免了各地区公债之间信用及利率差异，明晰了债务资金的使用范围和预算方法，但中央代发的地方债在债券的期限、规模及流动性等方面以及发挥地方政府的积极性、主动性等方面存在不足之处，具有过渡性特征。中国应在加强地方政府财政信用和预算约束等的基础上积极探索发展真正意义上的地方公债。

（4）美、日两国发展地方公债的实践可以给中国发展地方公债提供有益借鉴，中国应在一定范围内发展地方公债，前提是必须合理设计地方公债并加强监管。中国现阶段发展地方公债，应着重从逐步建立起完备的地方公债制度、大力发展地方公债二级市场和不断推进地方公债发展的配套改革三方面采取对策措施。

第二节 研究展望

本书探讨了发展地方公债的理论基础，分析了在中国现阶段发展地方公债的现实必要性和可行性，发展地方公债的市场基础性条件以及发展地方公债的对策措施等问题。随着地方公债发展实践和理论研究的不断推进，还有许多需要进一步深入研究的问题：

（1）地方公债的运行机制设计和市场建设。地方公债发行后，如何实现其自身的运行循环，其运行机理和运行过程应该是怎样的，这对于地方公债的健康发展具有重要意义。另外，中国现阶段发展地方公债更多是着重于地方公债的发行环节，地方公债缺乏二级市场表现，这对地方公债的运行和发展不利，研究地方公债的运行机制设计和市场建设问题有利于推动中国地方公债的健康发展。

（2）地方公债经济效应的定量分析。目前局限于中国地方公债发展现状，地方公债的各种统计数据不足，研究没有针对地方公债的定量分析，分析缺乏相应的经验证据。随着地方公债发展实践的深入，地方公债的发行规模不断扩大，地方公债的影响效应也会逐渐显现，到一定程度后可整理相关数据针对地方公债的经济效应等问题作定量分析，这样对地方公债的研究不仅可以从理论上进行论证推导，也可以用经验数据来加以检验说明，使研究更为全面、充分、合理。

（3）针对地方公债风险防范等具体问题的专门分析。发展地方公债涉及地方公债的规模控制、利率设计、风险防范、偿债保障和政策监管等各方面的问题，这些都是非常重要的问题，需要结合地方公债发展的实际情况作单独深入的分析，细致、具体地分析各个问题的由来表现及对策等，以推进地方公债制度的不断完善和地方公债市场的良性发展。

参考文献

[1] Abel Andrew B. Ricardian Equivalence Theorem. In The New Palgrave: A Dictionary of Economics, J. Eatwell, et al., eds [C]. London: MacMillan, 1987. 174-179.

[2] Acemoglu Daron. Politics and Economics in Weak and Strong States [J]. Journal of Monetary Economics, 2005, 52: 1199-1226.

[3] Akai Nobuo. Ricardian Equivalence for Local Government Bonds: Budget Constraint Approach [J]. Economics Letters, 1994, 44: 191-195.

[4] Baber William R., Sen Pradyot K. The Political Process and the Use of Debt Financing by State Governments [J]. Public Choice, 1986, 48 (3): 201-215.

[5] Bagchi Soumen. Tax-Free Municipal Bonds: Bold Step [J]. Economic and Political Weekly, 2001, 36 (25): 2224-2225.

[6] Bailey Martin. Note on Ricardian Equivalence [J]. Journal of Public Economics, 1993, 51: 437-446.

[7] Banzhaf H. Spencer, Oates Wallace E. On Ricardian Equivalence in Local Public Finance [J/OL]. SSRN, 2008, http://

ssrn. com/abstract=1248002.

[8] Barro Robert J. Are Government Bonds Net Wealth? [J]. Journal of Political Economy, 1974, 82 (6): 1095-1117.

[9] Barro Robert J. On the Determination of the Public Debt [J]. Journal of Political Economy, 1979, 87 (5): 940-971.

[10] Barro Robert J. The Ricardian Approach to Budget Deficits [J]. The Journal of Economic Perspectives, 1989, 3 (2): 37-54.

[11] Bernheim B. Douglas. Ricardian Equivalence: An Evaluation of Theory and Evidence [C]. in Macroeconomics Annual 1987. Ed.: Stanley Fischer. National Bureau of Economic Research. Cambridge, MA: MIT Press, 1987: 263-304.

[12] Blandchard O. J. Debt, Deficits and Finite Horizons [J]. Journal of Political Economy, 1985, 93: 223-247.

[13] Browne Alan K. California Municipal Bond Financing [J]. The Analysts Journal, 1958, 14 (3): 59-65.

[14] Brune Chris, Liu Pu. The Contagion Effect of Default Risk Insurer Downgrades: The Impact on Insured Municipal Bonds [J]. Journal of Economics and Business, 2011, 63 (5): 492-502.

[15] Buchanan James M. The Public Principles of Public Debt: A Defense and Restatement [M]. Illinois: Richard D. Irwin Co, 1958.

[16] Buchanan James M. Public Finance in Democratic Process [M]. The University of North Carolina Press, 1967.

[17] Buiter Willem H., Persson Torsten, Minford Patrick. A Guide

to Public Sector Debt and Deficits [J]. Economic Policy, 1985, 1 (1): 14-79.

[18] Capeci John. Local Fiscal Policies, Default Risk, and Municipal Borrowing Costs [J]. Journal of Public Economics, 1994, 53 (1): 73-89.

[19] Choudhry Moorad. The US Municipal Bond Market [M]. The Bond & Money Markets, 2001, 427-433.

[20] Cohen Jacob. Distributional Effects of the Federal Debt [J]. The Journal of Finance, 1951, 6 (3): 267-275.

[21] Dalamagas Basil. Testing the Debt-Illusion Hypothesis [J]. Revue économique, 1994, 45 (4): 1079-1094.

[22] Daly George G. The Burden of the Debt and Future Generations in Local Finance [J]. Southern Economic Journal, 1969, 36: 44-51.

[23] Daniels Kenneth N., Vijayakumar Jayaraman. Does Underwriter Reputation Matter in the Municipal Bond Market? [J]. Journal of Economics and Business, 2007, 59 (6): 500-519.

[24] Diamond Peter A. National Debt in a Neoclassical Growth Model [J]. The American Economic Review, 1965, 55 (5): 1126-1150.

[25] Drazen Allan. Government Debt, Human Capital and Bequests in a Life-Cycle Model [J]. Journal of Political Economy, 1978, 86 (3): 505-516.

[26] Feldstein Martin S. Government Deficits and Aggregate Demand [J]. Journal of Monetary Economics, 1982, 9 (1): 1-20.

[27] Feldstein Martin. Debt and Taxes in the Theory of Public Finance [J]. Journal of Public Economics, 1985, 28: 233-245.

[28] Feldstein Martin S., Elmendorf Douglas W. Taxes, Budget Deficits and Consumer Spending: Some New Evidence [J]. The American Economic Review, 1990, 80 (3): 589-599.

[29] Granof Michael H. A Fundamental Flaw of Debt Limitations for State and Local Governments [J]. Journal of Accounting and Public Policy, 1984, 3 (4): 293-310.

[30] Guiso Luigi, Sapienza Paola, Zingales Luigi. Does Local Financial Development Matter? [J]. The Quarterly Journal of Economics, 2004, 119 (3): 929-969.

[31] Han Liyan, Zheng Chengli. Fuzzy Options with Application to Default Risk Analysis for Municipal Bonds in China [J]. Nonlinear Analysis, 2005, 63: 2353-2365.

[32] Hansen Alvin H. Fiscal Policy and Business Cycles [M]. London and New York: Routledge Taylor Francis Croup, 1941.

[33] Hansen Alvin H. Monetary Theory and Fiscal Policy [M]. McGraw-Hill Book Co., 1949.

[34] Hansen Jens Blom. Policy-Making in Central-Local Government Relations: Balancing Local Autonomy, Macroeconomic Control and Sectoral Policy Goals [J]. Journal of Public Policy, 19 (3): 237-264.

[35] Harris Lawrence E., Piwowar Michael S. Municipal Bond Liquidity [EB/OL]. SSRN, 2004, http://ssrn.com/abstract=503062.

[36] Harris L. E., Piwowar M. S. Secondary Trading Costs in the Municipal Bond Market [J]. The Journal of Finance, 2006, 61: 1361-1397.

[37] Hatfield John William. Ricardian Equivalence for Local Government Bonds: A Utility Maximization Approach [J]. Economics Letters, 2010, 107: 148-151.

[38] Hengren Raymond E. Revenue Bond Financing-Legal, Operating, and Economic Aspects: Discussion [J]. The Journal of Finance, 1955, 10 (2): 230-233.

[39] Honadle Beth Walter, Costa James M., Cigler Beverly A. Fiscal Effects of Local Government Boundary Adjustments. Fiscal Health for Local Governments [M]. Academic Press, 2004, 195-218.

[40] Hubbard R. Glenn, Judd Kenneth L. Liquidity Constraints, Fiscal Policy, and Consumption [C]. Brookings Papers on Economic Activity, 1986, 1: 1-50.

[41] Inaba Kikuo. Financing Wastewater Treatment in Japan [J]. Water Pollution Control Federation, 1980, 52 (5): 878-883.

[42] Johnson Craig L. Alternative Debt Financing Mechanisms for Economic Development [J]. State & Local Government Review, 1996, 28 (2): 78-89.

[43] Keynes John Maynard. The General Theory of Employment, Interest and Money [M]. London: Macmillan and Co., limited, 1936.（中译本：约翰·梅纳德·凯恩斯．就业、利息和货币通论 [M]．高鸿业，译．商务印书馆，2009.）

[44] Klein Lawrence R. The Keynesian Revolution [M]. London:

Macmillan and Co. , limited, 1950.

[45] Kormendi Roger C. Government Debt, Government Spending and Private Sector Behavior [J]. The American Economic Review, 1983, 73 (5): 994-1010.

[46] Leeds Michael. Property Values and Pension Underfunding in the Local Public Sector [J]. Journal of Urban Economics, 1985, 18: 34-46.

[47] Leigland James. Accelerating Municipal Bond Market Development in Emerging Economies: An Assessment of Strategies and Progress [J]. Public Budgeting & Finance, 1997, Summer: 57-79.

[48] Lewis Blane D. Local Government Borrowing and Repayment in Indonesia: Does Fiscal Capacity Matter? [J]. World Development. 2003, 31 (6): 1047-1063.

[49] Lerner A. P. The Economic Steering Wheel [J]. The University Review, 1941: 2-8.

[50] Lerner A. P. Functional Finance and the Federal Debt [J]. Social Research, 1943, 10: 38-51.

[51] Malthus T. R. Principles of Political Economy [M]. 1820. (中译本：马尔萨斯．政治经济学原理 [M]. 厦门大学经济系翻译组，译．商务印书馆，1962.)

[52] Meade James A. Is the National Debt a Burden? [J]. Oxford Economic Papers, 1958, 6.

[53] Miller Merton H. Debt and Taxes [J]. The Journal of Finance, 1977, 32 (2): 261-275.

[54] Min Hong-Ghi, Lee Duk-Hee, Nam Changi et al. Determi-

nants of Emerging-market Bond Spreads: Cross-country Evidence [J]. Global Finance Journal, 2003, 14: 271-286.

[55] Mitchell George W. Economic Aspects of Revenue Bond Financing [J]. The Journal of Finance, 1955, 10 (2): 223-229.

[56] Modigliani F. Long-run Implications of Alternative Fiscal Policies and the Burden of the National Debt [J]. Economic Journal. 1961, 284 (71): 728-755.

[57] Modigliani F. How to Make a Burden of the Public Debt: a Reply to Mishan [J]. Journal of Political Economy, 1964, 52 (5): 483-485.

[58] Modigliani F. The Role of Intergenerational Transfers and Life-cycle Saving in the Accumulation of Wealth [J]. The Journal of Economic Perspectives, 1988, 2: 15-40.

[59] Moran Dominic. Debt-Swaps for Hot-Spots: More Needed [J]. Biodiversity Letters, 1994, 2 (3): 63-66.

[60] Musgrave Richard A. The Theory of Public Finance [M]. New York: McGraw-Hill, 1959.

[61] Oates Wallace E. Fiscal Federalism [M]. New York: Harcourt Brace Jovanovic, 1972.

[62] Oates Wallace E. Property Taxation and Local Public Spending: The Renter Effect [J]. Journal of Urban Economics, 2005, 57: 419-431.

[63] Patinkin D. Money, Interest and Prices [M]. New York: Harper and Row, 1965.

[64] Phelps Priscilla. Municipal Bond Market Development [J].

Finance Working Papers, 1997, (11).

[65] Poterba James M., Rueben Kim S. State Fiscal Institutions and the U. S. Municipal Bond Market [J]. NBER Working Paper Series, 1997, No. 6237.

[66] Rajan Raghuram G., Zingales Luigi. The Great Reversals: the Politics of Financial Development in the Twentieth Century [J]. Journal of Financial Economics, 2003, 69 (1): 5-50.

[67] Reck Jacqueline L., Wilson Earl R. Information Transparency and Pricing in the Municipal Bond Secondary Market [J]. Journal of Accounting and Public Policy, 2006, 25: 1-31.

[68] Ricardo David. On the Principles of Political Economy and Taxation [M]. London: the Cambridge University Press, 1951.（中译本：大卫·李嘉图. 政治经济学及赋税原理[M]. 郭大力，王亚南，译. 商务印书馆，2009.）

[69] Robbins Mark D., Simonsen William. Using Data Envelopment Analysis to Evaluate the Performance of Municipal Bond Issuers [J]. State & Local Government Review, 2002, 34 (1): 20-28.

[70] Roberts Paul Craig. The Supply-Side Revolution [M]. Massachusetts: Harvard University Press, 1984.

[71] Robinson Joan, Eatwell John. An Introduction to Modern Economics [M]. McGraw-Hill Book Co. (UK), 1974.

[72] Rosenbloom Richard H. A Review of the Municipal Bond Market [J]. Economic Review, 1976, March/April: 10-19.

[73] Rucks Andrew C. A Model for Determining the Impact of Control Costs on Municipal Finances [J]. Water Pollution Control

Federation, 1979, 51 (1): 43-52.

[74] Samuelson Paul A, Nordhaus William D. Economics [M]. McGraw-Hill Companies, Inc., 1948. (中译本: 保罗·萨缪尔森, 威廉姆斯·诺德豪斯. 经济学 [M]. 萧琛, 等, 译. 北京: 华夏出版社, 1999.)

[75] Samuelson Paul A. The Pure Theory of Public Expenditure [J]. Reviews of Economics and Statistics, 1954, 36 (4): 387-389.

[76] Say Jean Baptiste. A Treatise on Political Economy [M]. Philadelphia, 1827. (中译本: 萨伊. 政治经济学概论 [M]. 陈福生, 陈振骅, 译. 商务印书馆, 2009.)

[77] Seater John J., Mariano Roberto S. New Tests of the Life Cycle and Tax Discounting Hypotheses [J]. Journal of Monetary Economics, 1985, 15 (2): 195-215.

[78] Seater John J. Ricardian Equivalence [J]. Journal of Economic Literature, 1993, 31 (1): 142-190.

[79] Sismondi Jean Charles L. S. D. Nouveaux Principes D'économie Politique Edition Jeheber [M], Genève-Paris, 1951-1953. (中译本: 西斯蒙第. 政治经济学新原理 [M]. 何钦, 译. 商务印书馆, 2009.)

[80] Smith Adam. An Inquiry into the Nature and Causes of the Wealth of Nations (second ed.) [M]. Oxford: the Clarendon Press, 1880. (中译本: 亚当·斯密. 国民财富的性质和原因的研究 [M]. 郭大力, 王亚南, 译. 商务印书馆, 2009.)

[81] Soybel Virginia E. Municipal Financial Reporting and the

General Obligation Bond Market: New York City, 1961—1975 [J]. Journal of Accounting and Public Policy, 1992, 11 (3): 207-231.

[82] Stigler, G. The Tenable Range of Functions of Local Government. in: US Congress Joint Economic Committee. Federal Expenditure Policy for Economic Growth and Stability [M]. Washington, DC: Government Printing Office, 1957.

[83] Swanson Joseph A., Curran C. The Fiscal Behavior of Municipal Governments: 1905-1930 [J]. Journal of Urban Economics, 1976, 3 (4): 344-356.

[84] Temple Judy. The Debt/Tax Choice in the Financing of State and Local Capital Expenditures [J]. Journal of Regional Science, 1994, 34 (4): 529-547.

[85] Tiebout Charles M. A Pure Theory of Local Expenditures [J]. Journal of Political Economy, 1956, 64: 416-424.

[86] Tobin James. Asset Accumulation and Economic Activity [M]. Chicago: University of Chicago Press, 1980.

[87] Vijayakumar Jayaraman. An Empirical Analysis of the Factors Influencing Call Decisions of Local Government Bonds [J]. Journal of Accounting and Public Policy, 1995, 14: 203-231.

[88] Wallis John Joseph. American Government Finance in the Long Run: 1790 to 1990 [J]. The Journal of Economic Perspectives, 2000, 14: 61-82.

[89] Wang Junbo, Wu Chunchi, Zhang Frank X. Liquidity, Default, Taxes and Yields on Municipal Bonds [J]. Journal of Banking & Finance, 2008, 32: 1133-1149.

[90] Weil Phillipe. Love Thy Children: Reflections on the Barro Debt Neutrality Theorem [J]. Journal of Monetary Economic, 1987, 19 (3): 377-391.

[91] Wilson James R. Financing Alternatives for Nonrevenue-Producing Public Facilities [J]. State & Local Government Review, 1983, 15 (3): 112-117.

[92] Wolma Harold. Understanding Local Government Responses to Fiscal Pressure: A Cross National Analysis [J]. Journal of Public Policy, 1983, 3 (3): 245-263.

[93] 巴曙松. 地方政府投融资平台的发展及其风险评估 [J]. 西南金融, 2009, 9: 9-10.

[94] 宾建成. 论我国地方公债的发行与管理 [J]. 经济纵横, 2002, 8: 58-61.

[95] 常友玲, 仲旭, 郑改玲. 我国地方政府投融资平台存在的问题及对策 [J]. 经济纵横, 2010, 5: 52-55.

[96] 陈穗红. 地方政府债券发行任重道远 [J]. 中国财政, 2009, 8: 11-13.

[97] 陈少强. 中央代发地方债研究 [J]. 中央财经大学学报, 2009, 7: 6-10.

[98] 陈时兴. 中国转型期国债的金融分析 [M]. 北京: 中国社会科学出版社, 2001.

[99] 大卫·N. 海曼. 公共财政: 现代理论在政策中的应用 [M]. 北京: 中国财政经济出版社, 2001.

[100] 邓晓兰, 廖凯. 中央政府监管下的地方公债融资制度构想 [J]. 当代经济科学, 2004, 26 (3): 76-79.

[101] 邓子基, 张馨, 王开国. 公债经济学——公债历史、现状

与理论分析［M］. 北京：中国财政经济出版社，1990.

［102］董再平．地方政府“土地财政”的现状、成因和治理［J］. 理论导刊，2008，12：13-15.

［103］冯兴元，李晓佳．论城市政府负债与市政债券的规则秩序框架［J］. 管理世界，2005，3：29-42.

［104］付传明．论日本地方公债制度及其借鉴［J］. 武汉工程大学学报，2009，31（10）：53-55.

［105］高培勇．国债运行机制研究［M］. 北京：商务印书馆，1995.

［106］高培勇，崔军．公共部门经济学［M］. 北京：中国人民大学出版社，2001.

［107］高培勇，温来成．市场化进程中的中国财政运行机制［M］. 北京：中国人民大学出版社，2001.

［108］高培勇．政府债务管理［M］. 北京：中国财政经济出版社，2003.

［109］高奎明．发行地方公债的理论基础与必要性［J］. 大连海事大学学报，2006，5（2）：80-83.

［110］高奎明．地方政府发行公债的思考［J］. 东北财经大学学报，2006，46（4）：58-62.

［111］龚仰树．关于我国地方债制度设计的构想［J］. 财经研究，2001，27（11）：18-22.

［112］韩立岩，牟晖，王哲兵．市政债券的风险识别与控制策略［J］. 管理世界，2005，3：58-66.

［113］何振一．我国财政支出结构分析［M］. 北京：中国财政经济出版社，2001.

［114］侯合心．国债转贷资金的宏观定位与微观管理［J］. 财

经科学，2006，218（5）：9-15.

[115] 侯合心．地方国债转贷资金管理的理论与实践探讨［J］．地方财政研究，2008，1：31-35.

[116] 贾康，白景明．中国政府收入来源及完善对策研究［J］．经济研究，1998，6：46-54.

[117] 贾康，李炜光，刘军民．关于发展中国地方政府公债融资的研究［J］．经济社会体制比较，2002，5：38-45.

[118] 贾康，刘微，张立承等．我国地方政府债务风险和对策［J］．经济研究参考，2010，14：2-28.

[119] 姜长青．我国三次发行地方债券的历史考察［J］．金融理论与实践，2010，4：28-33.

[120] 江峰．土地出让金的征收使用与管理［J］．中国土地，2006，5：17-18.

[121] 靳晓黎，郑志荣．论地方政府举债——由财政政策两难困境引发的思考［J］．财经研究，2003，1：48-54.

[122] 金永军，陈柳钦，万志宏．2009 年地方债：一个政治经济学的分析框架［J］．武汉金融，2009，7：21-24.

[123] 类承曜．国债的理论分析［M］．北京：中国人民大学出版社，2002.

[124] 李冬梅．我国发行地方公债的新制度经济学分析［J］．财经问题研究，2005，2：60-63.

[125] 李冬梅．中国地方公债的发行必须谨慎从事［J］．贵州财经学院学报，2004，1：85-86.

[126] 李茂生，柏冬秀．中国财政政策研究［M］．北京：中国社会科学出版社，1999.

[127] 李萍．地方政府债务管理：国际比较与借鉴［M］．北京：

中国财政经济出版社，2009.

[128] 李尚红．关于地方政府债务问题的探讨［J］. 经济问题探索，2000，7：55-57.

[129] 林国庆．我国地方政府举债行为的政治经济学分析［J］. 财政研究，2003，5：19-20.

[130] 刘长琨．日本财政制度［M］. 北京：中国财政经济出版社，1998.

[131] 刘华，余维彬，张云峰．我国地方政府发债的可行性思考［J］. 财贸经济，2003，2：45-49.

[132] 刘立峰，许生，王元京等．地方政府融资研究［J］. 宏观经济研究，2010，6：6-11.

[133] 刘利刚，陈少强．中国应允许地方政府举债吗？［J］. 世界经济，2006，4：37-41.

[134] 刘优辉．关于我国地方政府发行公债的必要性和可行性分析［J］. 财政研究，2004，10：50-53.

[135] 刘溶沧，赵志耘．中国财政理论前沿［M］. 北京：社会科学文献出版社，1999.

[136] 刘尚希，赵晓静．中国：市政收益债券的风险与防范［J］. 管理世界，2005，3：50-57.

[137] 罗松山．地方政府融资创新的思路［J］. 中国投资，2010，3：62-67.

[138] 马晓婕．关于当前地方政府债券"成交清淡"现象的探究［J］. 财会研究，2009，15：53-57.

[139] 毛晖．增税与发债：理论比较与现实选择［J］. 中南财经政法大学学报，2005，149（2）：54-60.

[140] 潘国旗．近代中国地方公债研究：以江浙沪为例［M］.

杭州：浙江大学出版社，2009.
[141] 潘国旗．近代中国地方公债研究：以皖川闽粤为中心的考察［M］. 北京：经济科学出版社，2014.
[142] 齐桂珍．试析我国中央与地方公共事权和财权的划分［J］. 中国特色社会主义研究，2005，6：82-87.
[143] 齐普夫．市政债券运作［M］. 北京：清华大学出版社，1998.
[144] 秦德安，田靖宇．地方政府融资平台研究综述［J］. 地方财政研究，2010，4：9-13.
[145] 时炜，王大树．地方政府债券的经济影响分析［J］. 财经理论与实践，2009，3：40-43.
[146] 宋立．市政收益债券：解决地方政府债务问题的重要途径［J］. 管理世界，2004，2：27-34.
[147] 宋文昌．财政分权、财政支出结构与公共服务不均等的实证分析［J］. 财政研究，2009，3：57-60.
[148] 孙凤仪，龙志强．理论容纳、制度冲突和制度均衡——理解转型中的地方债［J］. 财会研究，2010，2：17-19.
[149] 孙根深．我国国债二级市场现状、问题及政策建议［J］. 金融市场，2006，9：36-38.
[150] 孙克竞．美国地方公债信用管理与我国地方政府举债探讨［J］. 财政监督，2006，5：61-63.
[151] 孙南萌．地方公债与地方政府债务风险［J］. 理论前沿，2003，24：36-37.
[152] 童伟．完善土地出让金管理保障地方经济可持续发展［J］. 中央财经大学学报，2008，5：6-10.
[153] 汪丁丁．制度创新的一般理论［J］. 经济研究，1992，5：

69-80.

[154] 王宏道．关于我国公共支出结构优化的思考 [J]. 财政研究, 2006, 6: 17-19.

[155] 王红建．地方公债、财政分权与宪政的实现 [J]. 河南社会科学, 2009, 17 (2): 74-79.

[156] 王红领, 李稻葵, 雷鼎鸣．政府为什么会放弃国有企业的产权 [J]. 经济研究, 2001, 8: 61-70.

[157] 王相启．促进财政投融资平台建设的几点建议 [J]. 中国财政, 2010, 10: 51-52.

[158] 王铁军．中国地方政府融资 22 种模式 [M]. 北京: 中国金融出版社, 2006.

[159] 王益．发展中国市政债券市场的初步构想 [J]. 世界经济, 2002, 6: 72-79.

[160] 魏开文．中小企业融资效率模糊分析 [J]. 金融研究, 2001, 6: 67-74.

[161] 许鸣．我国发行地方债券面临的新问题及对策分析 [J]. 经济纵横, 2009, 8: 99-101.

[162] 杨重光．变革中前行——我国土地市场建立过程的回顾 [J]. 中国土地, 2008, 12: 18-20.

[163] 杨萍．国外地方政府债券市场的发展经验 [J]. 经济社会体制比较, 2004, 1: 137-141.

[164] 杨瑞龙．论制度供给 [J]. 经济研究, 1993, 8: 45-52.

[165] 杨志勇．地方债启动之配套条件研究 [J]. 地方财政研究, 2009, 4: 4-8.

[166] 袁东．公共债务与经济增长 [M]. 北京: 中国发展出版社, 2000.

［167］张海星．美、日地方公债及启示［J］．财经问题研究，2001，2：42-45.

［168］张海星．公共债务［M］．大连：东北财经大学出版社，2008.

［169］张雷宝．公债经济学［M］．杭州：浙江大学出版社，2007.

［170］张衔．国债适度规模与我国实施减免税政策的可行性［J］．税务研究，2003，3：24-27.

［171］张衔，程民选．债务融资的国民负担与可承受国债规模分析［J］．经济学家，2004，6：90-95.

［172］赵全厚．"中央代替地方政府发债"与地方政府债务制度建设［J］．公共支出与采购，2009，6：7-10.

［173］张雪梅，赛志刚．企业融资效率涵义及评价方法相关文献综述［J］．山东财政学院学报，2009，104（6）：80-84.